Evangelisch predigen

Beihefte zur Ökumenischen Rundschau Nr. 144

Petra Bosse-Huber | Wolfram Langpape (Hrsg.)

Evangelisch predigen

Systematisch-theologische, homiletische und kirchenrechtliche Perspektiven auf die gemeinsame Erklärung von EKD und VEF zur Predigtgemeinschaft

EVANGELISCHE VERLAGSANSTALT
Leipzig

Bibliographische Information der Deutschen Nationalbibliothek
Die Deutsche Nationalbibliothek verzeichnet diese Publikation in der Deutschen Nationalbibliographie; detaillierte bibliographische Daten sind im Internet über http://dnb.dnb.de abrufbar.

Das Buch wurde auf alterungsbeständigem Papier gedruckt.

Cover: Kai-Michael Gustmann, Leipzig
Coverbild: © iStock.com/NoonVirachada
Satz: Steffi Glauche, Leipzig
Druck und Binden: Hubert & Co., Göttingen

ISBN 978-3-374-07767-0 // eISBN (PDF) 978-3-374-07768-7
www.eva-leipzig.de

Vorwort der Herausgeberinnen und Herausgeber

Bischöfin Petra Bosse-Huber, Hannover (EKD)

Am 15. September 2024 unterzeichneten in einem Festgottesdienst in der Friedrichstadtkirche in Berlin die amtierende Ratsvorsitzende der Evangelischen Kirche in Deutschland (EKD) Bischöfin Kirsten Fehrs und der Präsident der Vereinigung Evangelischer Freikirchen (VEF) Präses Marc Brenner die nachfolgend abgedruckte kirchliche Erklärung zur Predigtgemeinschaft. Dieser Erklärung ging ein mehrjähriger Prozess voraus, zu dem die beiden Kirchen(bünde) eine paritätisch besetzte Arbeitsgruppe beauftragt hatten. Der Prozess blickt dabei auf eine über 30-jährige Geschichte des Austauschs zwischen dem Rat der EKD und dem Vorstand der VEF zurück und entsprang dem Wunsch der beiden Kirchen(bünde), das in dieser Zeit gewachsene wechselseitige Vertrauen sichtbar zu machen. Eine Gruppe von theologischen Wissenschaftlerinnen und Wissenschaftlern wurde gebeten, den Prozess reflektierend zu begleiten und die Erklärung aus Sicht ihrer Fachdisziplinen zu analysieren. Der vorliegende Band ist nicht der Abschluss dieser wissenschaftlichen Beschäftigung, aber ihr erstes Resultat.

Dieser Band nimmt Stärken und Potentiale des mit der kirchlichen Erklärung Erreichten in den Blick, offenbart aber auch Punkte, an denen eine Weiterarbeit notwendig und geboten ist und stellt auch kritische Anfragen an das Verfahren. Deutlich durchzieht die folgenden Texte die Wahrnehmung des Prozesses als ein ökumenischer Vorstoß, der nur dann Wirkung entfalten kann, wenn er auf eine breite Rezeption trifft. Diese Wahrnehmung deckt sich mit der Intention der Initiatorinnen und Initiatoren: Wenn in der systematisch-theologischen Reflexion davon die Rede ist, dass Lehrkonsense zwischen Kirchen auf Vertrautheits- und Vertrauenserfahrungen angewiesen sind, dann ist diese Erfahrungsebene des gegenseitigen Vertrauens genau der Ausgangs- und zugleich Zielpunkt, den die kirchliche Erklärung im Blick hat. Der Begriff des Vertrauens nimmt in der Erklärung einen zentralen Platz ein. Damit versteht sie sich selbst als ein Meilenstein auf einem Weg oder als Wegmarke, die zum Weitergehen einlädt. Das ausgesprochene Vertrauen wurde gestärkt durch persönliche Erfahrungen der fruchtbaren Zusammenarbeit, hat seinen Grund aber in einer viel weitreichenderen Wahrnehmung: der Feststellung, im Verständnis des Evangeliums vereint zu sein und daher das die Kirchen begründende Wort Gottes auch aus dem Mund von Predigerinnen und Predigern der jeweils anderen evangelischen Konfession empfangen zu können.

Der folgende Band lädt ein, am Reflexionsprozess über die kirchliche Erklärung teilzuhaben. Dieser Prozess ist verbunden mit der Hoffnung, dass die für den gesamten ökumenischen Prozess entscheidende Rezeption und das aktive Gestalten von Gemeinschaft in den einzelnen Gemeinden dadurch gefördert werden.

Hannover, im August 2024

Petra Bosse-Huber

Bischöfin Petra Bosse-Huber,
Vizepräsidentin und Leiterin der Hauptabteilung
für Ökumene und Auslandsarbeit des Kirchenamts der EKD

Inhalt

Erklärung der Evangelischen Kirche in Deutschland (EKD) und der Vereinigung Evangelischer Freikirchen (VEF) zur Predigtgemeinschaft

Vorrede

Evangelische Landes- und Freikirchen arbeiten in vielen Bereichen vertrauensvoll zusammen. Sie wissen sich gemeinsam gesandt, das Evangelium zu verkündigen. Daher engagieren sie sich z. B. gemeinsam in Werken wie dem Evangelischen Werk für Diakonie und Entwicklung, der Deutschen Bibelgesellschaft und der Evangelischen Mission Weltweit. Auch wenn nicht in allen Fragen eine vollständige theologische Übereinstimmung besteht, sind sie einig in dem, was sie als Kirche grundlegend ausmacht: In ihrer Erklärung »Evangelisch sein« von 2011 hat die Vereinigung Evangelischer Freikirchen zum Ausdruck gebracht, dass sie mit dem Verständnis des rettenden Evangeliums von Jesus Christus, wie es in der Leuenberger Konkordie beschrieben ist, vollständig übereinstimmt. Die Leuenberger Konkordie ist seit 1973 die Grundlage für die Gemeinschaft Evangelischer Kirchen in Europa (GEKE).

Obwohl diese grundlegende Übereinstimmung besteht, wirken an vielen Orten Gemeinden der EKD und der VEF unverbunden nebeneinander. Die folgende Erklärung, die zu einer wachsenden Gemeinschaft der Gemeinden untereinander ermutigen will, ist auf Beschluss des Vorstands der VEF und des Rates der EKD von der Ratsvorsitzenden der EKD und dem Präsidenten der VEF am 15. September 2024 unterzeichnet worden. Diese Erklärung verpflichtet keine Kirche und keine Gemeinde zu einem bestimmten Handeln. Sie will aber denen, die die Gemeinschaft pflegen, die ausdrückliche Zustimmung und Befürwortung ihrer Kirchen- bzw. Bundesleitungen zusprechen, und sie will Gemeinden einladen, in der persönlichen Begegnung eigene Erfahrungen zu machen.

Erklärung

Der Rat der EKD und der Vorstand der VEF stellen fest, dass mit der 2011 veröffentlichten Stellungnahme der VEF zur Leuenberger Konkordie eine grundlegende Übereinstimmung im Verständnis des Evangeliums gegeben ist. Sie erkennen zugleich, dass eine grundlegende Übereinstimmung zwischen den Kirchen der VEF und der EKD darin besteht, was es heißt, evangelisch zu sein.

Der Vorstand der VEF und der Rat der EKD sprechen der jeweils anderen Kirche bzw. dem anderen Kirchenbund das Vertrauen aus, dass in ihr bzw. ihm das Wort Gottes, »das Evangelium rein gepredigt« (CA VII) wird, und bejahen grundsätzlich die Praxis, dass eine in der anderen Kirche bzw. Gemeinde zur Predigt berufene und beauftragte Person im Sinne einer ordnungsgemäßen Berufung (rite vocatus) gastweise in der eigenen Kirche predigt.

- Kirchen tragen durch Ausbildung und Berufung zum Predigtamt Sorge dafür, dass das Evangelium rein gepredigt wird. Das ausgesprochene Vertrauen ist damit auch ein grundsätzliches Vertrauen darin, dass Ausbildung und Berufung zum Predigtamt in der jeweils anderen Kirche dem kirchlichen Auftrag der Verkündigung des Evangeliums Jesu Christi angemessen geschehen.
- Die Praxis der Predigtgemeinschaft, wie sie hier beschrieben wird, ist nicht neu und wird vielerorts bereits praktiziert. Die Kirchenleitungen bringen in dieser Erklärung ihre Zustimmung zu dieser Praxis zum Ausdruck und befürworten ausdrücklich ihre Fortführung und Ausweitung.
- Sollte eine zum Predigtamt berufene Person sich in der Situation sehen, die Einladung zur gastweisen Predigt an Predigende anderer Kirchen vor ihrer Gemeinde begründen zu sollen, so kann sie sich gerne auf diese Erklärung und die damit gegebene grundsätzliche Zustimmung ihrer Kirchen- bzw. Bundesleitung berufen.

Der Rat der EKD und der Vorstand der VEF erkennen in der wechselseitigen Einladung zur gastweisen Predigt einen wichtigen Schritt, die Gemeinschaft im Evangelium von Jesus Christus zwischen Landes- und Freikirchen zu vertiefen und sichtbar zu machen.

Der Vorstand der VEF und der Rat der EKD erkennen, dass die genannten Übereinstimmungen bestehen, auch wenn es eine Vielfalt von Formen gibt, den Gottesdienst zu feiern und den Glauben zu leben. Darum laden sie ein, in wechselseitigem Respekt dem noch Unbekannten oder Unvertrauten zu begegnen.

- Die Erfahrung zeigt, dass es hilfreich ist, wenn Predigende die jeweils anderen Gemeinden zunächst als Gottesdienstbesuchende kennenlernen, bevor sie selbst gastweise predigen.
- Die Kirchen- bzw. Bundesleitungen bitten darum, die Begegnung mit den anderen Gottesdienstkulturen in der Erwartung zu gestalten, im Unbekannten oder Unvertrauten eine Bereicherung zu entdecken.
- Gast zu sein bedeutet nicht, blind zu sein für Unterschiede, und befreit nicht davor, im Unvertrauten auch Befremdliches zu empfinden. Das Gebot des Respekts gibt aber vor, Unterschiede – wenn man sie in der Predigt zum Gegenstand machen möchte – in einer Form anzusprechen, die die Praxis des anderen nicht grundsätzlich infrage stellt oder ihre Rechtmäßigkeit anzweifelt.
- Wenn zwischen Gemeinden verschiedener Kirchen Gemeinschaft gewachsen ist, ermutigen die Kirchen- bzw. Bundesleitungen dazu, dort, wo die Praxis einer gastweisen Predigt unter Predigenden der eigenen kirchlichen Tradition etabliert ist (Sommerkirchen, Predigtreihen, Kanzeltausch ...), die Frage zu stellen, ob diese Praxis nicht mit der Aufnahme von Gemeinden anderer Kirchen erweitert werden könnte.

Der Vorstand der VEF und der Rat der EKD stellen fest, dass der hier beschriebenen Praxis der Einladung zur gastweisen Predigt keine theologischen oder kirchenrechtlichen Gründe entgegenstehen. Sie erkennen in dieser Praxis einen wichtigen Schritt, die im Evangelium von Jesus Christus bestehende Gemeinschaft ihrer Kirchen zu gestalten. Diese Gemeinschaft ist geprägt und getragen vom gemeinsamen Dienst und Zeugnis des Evangeliums und ist ein Schritt auf dem Weg zur möglichen vollen Kirchengemeinschaft.

Anwendung

Aus dieser Erklärung folgt keine konkrete Verpflichtung von Kirchen oder Gemeinden. Der Rat der EKD und der Vorstand der VEF bitten aber die in ihnen verbundenen Landes- und Freikirchen, sich diese Erklärung zu eigen zu machen und sie in ihren Gemeinden bekannt zu machen.

Dienet einander, ein jeder mit der Gnadengabe, die er empfangen hat, als gute Verwalter der mannigfachen Gnadengaben Gottes! Redet jemand, so seien seine Worte wie Aussprüche Gottes (1. Petrus 4,10–11a).

Berlin, den 15.September 2024

Zum Vertrauensgut Predigt im 21. Jahrhundert

Die Erklärung von EKD und VEF zur Predigtgemeinschaft als homiletische Herausforderung

Konstanze Kemnitzer

1. Eine Veränderung der Predigtkultur auf Ansage

Der Rat der Evangelischen Kirche in Deutschland (EKD) und der Vorstand der Vereinigung Evangelischer Freikirchen (VEF) werden im Herbst 2024 eine neuartige Vereinbarung zur Predigtgemeinschaft beschließen. Sie trägt den Titel »Evangelisch predigen« – Predigtgemeinschaft und Kanzeltausch zwischen Gemeinden der EKD und der VEF.[1] Den Beschlüssen geht *kein* vorauslaufendes Konsultations- oder Genehmigungsverfahren durch die EKD-Gliedkirchen und die VEF-Mitgliedskirchen voraus, da der Text nur empfehlenden Charakter hat. Die Gemeinden sind um evaluierende Rückmeldungen gebeten.

Die geplante Vereinbarung betrifft eine der klassischen Formen der neuzeitlichen Christentumspraxis schlechthin:[2] Die Predigt. In der voranschreitenden Kommodifizierung des religiösen Feldes[3] kann dies nicht nur als ein, sondern vielleicht sogar als *das* Vertrauensgut des Protestantismus bezeichnet werden. Vertrauensgüter (*credence goods*) sind Waren bzw.

1 Vgl. Rat der EKD und Vorstand der VEF, Erklärung der Evangelischen Kirche in Deutschland (EKD) und der Vereinigung Evangelischer Freikirchen (VEF) zur Predigtgemeinschaft, Hannover 2024. Die Erklärung wird im Folgenden nach der in diesem Band abgedruckten Fassung zitiert. Die Angaben beziehen sich auf die hier angegebene Zeilennummerierung.

2 Vgl. Wolfgang Steck, Praktische Theologie: Horizonte der Religion – Konturen des neuzeitlichen Christentums – Strukturen der religiösen Lebenswelt, Bd. 1, Stuttgart 2000, 474ff.

3 Vgl. Konstanze Kemnitzer / Matthias Roser (Hrsg.), Spirituelle Identitätsperformanzen. Eine Explorationsstudie zum Lehrerhabitus an evangelikalen Bekenntnisschulen, Leipzig 2023, 9.

Dienstleistungen, bei denen die Anbietenden mehr über die von den Kundinnen und Kunden benötigte Qualität wissen als die Rezipierenden selbst.[4] Die Predigt als Vertrauensgut der evangelischen Landes- und Freikirchen zu begreifen und zu gestalten, heißt die Bedürfnisse der Menschen, die dieses Vertrauensgut brauchen und die benötigte Qualität der homiletischen Dienstleistung konsequent im Blick zu behalten, gerade dann, wenn einschneidende Transformationen, Kooperationen oder gar Verschmelzungen angestoßen werden. Die Predigthörenden und alle, die an der protestantischen Predigtkultur auf vielerlei Weise partizipieren, haben weniger Informationen über deren theologische Bedeutung und Dynamik als diejenigen, die dafür ausgebildet und für das Vertrauensgut Predigt in ihrer jeweiligen (Frei-)Kirche und Konfession zuständig sind. Darum müssen diese sorgfältig prüfen, welche Qualitätsveränderungen mit der Empfehlung von EKD und VEF einhergehen. Ob dies mithilfe nachgängiger Wissenschaftsreflexion oder von den Kirchenleitungen beigefügten Ermunterungen an die Gemeinden, sich an Evaluation zu beteiligen, genügend gelingt, muss aktuell dahingestellt bleiben, da die Prozesse um die Erklärung zur Predigtgemeinschaft zwischen EKD und VEF bereits laufen.

Die Erklärung zur Predigtgemeinschaft von EKD und VEF ist inmitten der vielfältigen Transformationsprozesse der Gegenwart eine der seltenen Veränderungen auf Ansage, die sich durch ein konkretes Datum der Veröffentlichung beobachten lassen wird. Darin liegt eine wissenschaftliche Chance: Hier werden Herausforderungen dokumentierbar, die vermutlich immer, wenn in der Metamorphose der Welt[5] christliche Predigtkulturen national und sogar kosmopolitisch miteinander kooperieren, verschmelzen oder auch konkurrieren, im Blick sein müssen. Von einer wissenschaftlichen Reflexion der Empfehlung der Predigtgemeinschaft von EKD und VEF und ihrer Resonanz an der Gemeindebasis sind also hilfreiche Erträge für weitere Dynamiken rings um das Vertrauensgut Predigt zu erwarten.

4 Vgl. Uwe Dulleck / Rudolf Kerschbamer, On Doctors, Mechanics and Computer Specialists: The Economics of Credence Goods, Journal of Economic Literature 44, H.1, 4–42, 5 und Petra Ritzer-Angerer, Was bedeuten die Vertrauensguteigenschaften der Jahresabschlussprüfung für die Regulierung der Wirtschaftsprüfhaltung, in: ZfWP 2020, 68(2), 89–119, 92.

5 Vgl. Ulrich Beck, Die Metamorphose der Welt, Berlin ^{2}2017.

2. Zum Phänomenfeld und seinen Forschungsdimensionen

EKD und VEF lenken durch ihre Erklärung die Aufmerksamkeit auf ein Phänomenfeld, das bisher kaum quantitativ oder qualitativ erforscht wurde,[6] auch wenn in der Erklärung postuliert wird, es gäbe entsprechende Ereignisse der homiletischen Annäherungen zwischen Landes- und Freikirchen. Eine präzise Klassifizierung fehlt. Zu unterscheiden sind aber bereits: Predigtgastfreundschaft, Kanzeltausch und Predigtgemeinschaft:

Als *»Predigtgastfreundschaft«* sind jene Ereignisse zu beschreiben, in denen Predigende eingeladen werden, einmal in eine Gemeinde zu kommen, in der sie sonst nicht zur öffentlichen Verkündigung beauftragt sind. Dabei steht das Interesse der Einladenden im Vordergrund, einmal andere predigende Personen im eigenen Kontext zu erleben. Das impliziert, dass die *einladenden* Personen auch im Predigtereignis anwesend sein wollen und ggf. den Gottesdienst in seinen weiteren Elementen mitverantworten. Predigtgastfreundschaft schließt Austausch und Feedback unter denen ein, die als Profis für die Predigtkultur vor Ort eingesetzt sind und in der Rolle der Gastgebenden aktiv ihre Gemeinde begleiten.

Beim *»Kanzeltausch«* geht es dagegen um *gleichzeitiges* Predigen der am Tausch Beteiligten, die jeweils ihre Orte den anderen überlassen. Die Andersartigkeit der Predigten wird im Kanzeltausch-Modell exklusiv von den anwesenden Gemeindegliedern wahrgenommen. Sie vertrauen ihrerseits darauf, dass das, was da gepredigt wird, durch die Personen, die die Predigtorganisation und -qualität regulär verantworten, als hörenswerte Verkündigung eingeordnet wurde. Kanzeltausch vollzieht sich oft mit dem Ziel der gegenseitigen Entlastung in der Predigtvorbereitung, entledigt aber nicht davon, für die Qualität des Vertrauensgutes Sorge zu tragen.

6 Dies gilt nicht nur für die Beziehungen zwischen Freikirchen und Landeskirchen, sondern ebenso auch für die Praxisformen von Kanzeltausch, Predigtgastbesuchen und Predigtgemeinschaft zwischen verschiedenen Konfessionen in Geschichte und Gegenwart. Doch auch wenn es keine oder nur wenige wissenschaftliche Darstellungen dazu gibt, ist der Usus insbesondere des Kanzeltausches bereits lange etabliert. Gemeint ist damit meist der Wechsel des Predigtortes von Pfarrpersonen in regelmäßigen Abständen. Die Kirchen, die der Gemeinschaft Evangelischer Kirchen in Europa angehören, haben in der Leuenberger Konkordie entsprechend Kanzel- und Abendmahlsgemeinschaft verabredet. Wissenschaftliche Erhebungen zu den Erfahrungen und Effekten mit Kanzeltausch und Predigtgemeinschaft wurden aber bisher nicht veröffentlicht.

»Predigtgemeinschaft« impliziert darüber hinaus eine noch weiter greifende, grundlegende Vereinigung der Predigtkulturen von Landes- und Freikirchen insgesamt unter dem Label »Evangelisch«. Dieses Ziel erreichen zu wollen, bzw. erreicht zu haben, ist ein Narrativ, das auch selbst dann wirksam, insbesondere öffentlichkeitswirksam sein soll, wenn alle Predigenden jeweils im eigenen Kontext aktiv sind und es also gar nicht häufig zu Predigtgastbesuchen oder Kanzeltauschereignissen kommt. Hinter dem Engagement für diese Variante »Predigtgemeinschaft« sind große ökumenische Bemühungen erkennbar, die vor allem auf der Sorge um den Bedeutungsverlust der verschiedenen Kirchenformen sowie den Säkularisierungsprozessen in Europa und weltweit aufruhen. Die Idee der »Predigtgemeinschaft« ist eine höchst symbolische Praxisform, die Unterschiede einebnen soll, die im gesellschaftlichen Diskurs erlebt werden: Ob landeskirchlich oder freikirchlich, evangelisch oder evangelikal – das soll alles als »Gemeinschaft« auf dem gemeinsamen Nenner der Verbundenheit im Evangelium von Jesus Christus vereint werden. In dieser Variante geht es also um die Vergabe eines allgemeinen Qualitätssiegels, das zukünftig EKD und VEF unter dem Label »evangelische Predigt« sammelt. Im Interesse der VEF geht es dabei insbesondere um die Partizipation an universitären Möglichkeiten – so zumindest explizit formuliert 2011:

> »Seitens der VEF ist eine solche Verständigung mit der Erwartung verbunden, dass sich Vokationen, Zulassungen zu Dissertation und Habilitation und die Berufung auf Lehrstühle künftig für freikirchliche Bewerberinnen und Bewerber einfacher gestalten lassen könnten, als es in der Vergangenheit der Fall war. (…) Mit dem Verständnis des Evangeliums, wie es in der LK (Leuenberger Konkordie, K. K.) zum Ausdruck kommt, stimmen alle VEF Mitgliedskirchen völlig überein. Das heißt zugleich, dass Übereinstimmung mit allen Gliedkirchen der EKD darin besteht, was es heißt, evangelisch zu sein. Es ist der Wunsch der Mitgliedskirchen der VEF, dass es bei allen evangelischen Kirchen in Deutschland zu einer vertieften Wahrnehmung dieser Übereinstimmung kommt und es ihnen gelingen möge, ihre Beziehungen im Geist dieser Übereinstimmung zu gestalten.«[7]

[7] VEF-Mitgliederversammlung, Stellungnahme der Vereinigung Evangelischer Freikirchen (VEF) anhand der Leuenberger Konkordie, unter https://www.vef.de/erklarungen im April 2011 (abgerufen am 5.2.2024), 1.

Interesse der EKD ist – so Erläuterungen im Gespräch mit Leitungsverantwortlichen – der Erhalt von Wirkungskräften der evangelischen Kirche in der Gesellschaft durch Erhöhung der Quantität von allem, was »Evangelisch« genannt werden will. Hier verbinden sich große Hoffnungen mit dem öffentlichkeitswirksamen Signal der Unterzeichnung der Erklärung zur Predigtgemeinschaft.

Zum beschriebenen Phänomenfeld öffnen sich aktuell vier Forschungsdimensionen:

Zum Einen sind Predigtgastbesuche, Kanzeltausch und Predigtgemeinschaft zwischen Landes- und Freikirchen quantitativ und qualitativ zu erfassen.[8] Zum Zweiten ist die Erklärung der EKD und der VEF in ihrer Entstehung, Argumentationsweise, öffentlichen Darstellung und Resonanz in den Gemeinden zu untersuchen. Zum Dritten sind Theoriebildungen der Homiletik, Liturgik, Pastoraltheologie und Kirchentheorie aufzugreifen, in deren Licht weitere Fragen und Hypothesen zum Phänomenbereich aufleuchten, so z. B. in der Homiletik Theorien zum Offenen Kunstwerk und der Aktivität der Hörenden.[9] Außerdem zum Predigen mit *kultureller* Intelligenz[10] – was besonders bei Kontextwechseln von Predigenden relevant ist u. v. a.; in der Liturgik z. B. zur ekklesiogenen Kraft gottesdienstlicher Feierpraxis[11] und dem Zusammenklang von Predigen, Singen, Beten etc.; darüber hinaus aber auch zum Kirchen- und Berufsverständnis z. B. in Netzwerk-Modellen usw. In diesen Forschungsdimensionen ist zu erwarten, dass Theoriebildungen hilfreich aufgegriffen werden können, um die verschiedenen Möglichkeiten und Gestaltungsbedürfnisse von Predigtgastbesuch, Kanzeltausch und Predigtgemeinschaft zwischen EKD und VEF auszugestalten. Zum Vierten sind Beispiele intra- und interkonfessioneller Predigtgemeinschaft in Geschichte und Gegenwart diskursiv aufzuarbeiten, in der Erwartung, dass hier viel darüber gelernt werden kann, wie in der protestantischen Predigtkultur Verkündigungsereignisse bereits qualitäts- und vertrauenssichernd transformiert wurden.[12]

8 Dies wäre z. B. durch Befragungen und teilnehmende Beobachtungen, sowie Expertinnen- bzw. Expertengespräche zu erheben.

9 Siehe dazu Albrecht Grözinger, Homiletik. Lehrbuch Praktische Theologie, Bd. 2, Gütersloh 2008, 87ff.

10 Vgl. Matthew D. Kim, Preaching with cultural Intelligence. Understanding the People who hear our sermons, 2017.

11 Vgl. Konstanze Kemnitzer, Liturgische Ekklesiogenese in der Metamorphose der Welt, in: Predrag Bukovec/Thomas Bergholz (Hrsg.), Liturgie schafft Kirche!?, Leipzig 2024 (erscheint demnächst).

12 Vgl. Lothar Triebel, Kanzelgemeinschaft als Thema nationaler und internationaler

3. Drei zentrale homiletische Herausforderungen im Spiegel der Erklärung

Auch wenn die Bearbeitung dieser Forschungsaufgaben erst noch aussteht, lassen sich schon jetzt wichtige Beobachtungen am vorliegenden Text der Erklärung zur Predigtgemeinschaft von EKD und VEF machen. Dessen Gestus ist auffällig energetisch, bespielt das kirchentheoretisch derzeit vielfach begegnende Narrativ der Hoffnung auf Pioniere, die auch in schweren Zeiten Neues wagen, und versucht die Rückendeckung von höchsten kirchenleitenden Ebenen hinunter an die Basis zu signalisieren, falls Schwierigkeiten in Gemeinden auftauchen. Als Zielrichtung wird unüberhörbar klargemacht: die landes- und freikirchlichen Gemeinden sollen sich aufeinander zubewegen.

Die tiefere Textanalyse lässt dabei drei zentrale homiletische Herausforderungen erkennen, die jedoch in der Erklärung eher verschattet oder sogar anästhesiert werden. Diese betreffen insbesondere die unterschiedlichen Ordinations- und Beauftragungsstandards (1), die konträren Tauftheologien und Taufpraxisformen, deren kirchentrennende Ablehnung einer baptismalen Verankerung der Predigt nach CA VII entgegensteht (2) und der rhetorische Umgang mit wechselseitig als befremdlich empfundenen Haltungen z. B. zu Genderverständnis und Diversität (3):

(1) Die argumentative Leitfigur der Erklärung ist, dass EKD und VEF mit ihren sehr verschiedenen Predigtbeauftragungs- bzw. »Ordinationskulturen« diese nicht *inhaltlich* zueinander in Bezug setzen, sondern sie durch die (angebliche) Übereinstimmung im Evangeliumsverständnis der Leuenberger Konkordie wechselseitig anerkennen. Dabei wird nicht diskutiert, dass die homiletischen Ausbildungsstrukturen in Landes- und Freikirchen, insbesondere im Blick auf den wissenschaftlichen Umgang mit biblischen Texten, divergieren. Die Idee der Erklärung ist, dass nur das »Dass« einer vorhandenen »Ordinationskultur« auf beiden Seiten zur wechselseitigen Einladung legitimiert, ohne das Paket der Beauftragungskriterien beim jeweils anderen aufzuschnüren. Als Herausforderung dieser – und vermutlich vieler – Transformationen von Predigtkulturen zeigt sich also, dass durch sie etablierte Qualitätsstandards der homiletischen Bildung berührt werden. Auch wenn dies mit einem Verweis auf die Leuenberger Konkordie abzudecken versucht wird, schwelen die damit

ökumenischer Dialoge – eine kleine Auswahl, in: epd-Dokumentation 19/2023, 57.

verbundenen Konflikte vermutlich weiter und harren einer expliziten Klärung.

(2) Die zweite zentrale Herausforderung der Erklärung betrifft die elliptische Verbindung von Predigt und Sakrament nach CA VII. Mehrfach verweist der Text auf diesen Grundartikel, um von der Einigkeit zwischen Landes- und Freikirchen im Blick auf das »pure docetur« zu sprechen. Dazu wird zusätzlich auf die Erklärung der VEF »Evangelisch sein« von 2011 verwiesen, um zu beschreiben, dass man sich »in dem, was sie als Kirche grundlegend ausmacht«, einig sei. Schwierig ist, dass die VEF in eben jener Erklärung von 2011 ausdrücklich betont, dass man sich zwar im Evangelium grundsätzlich einig sei, aber im Blick auf die landeskirchliche Praxis der Säuglingstaufe weiterhin ein essentieller Dissens in Ekklesiologie und Theorie der Glaubenskonstitution bestehe. Wenn dies so ist, ist aber grundsätzlich mit CA VII zu fragen: Gibt es evangelische Predigt ohne baptismale Grundierung? Konkret im Blick auf die Einladung freikirchlicher Predigtgäste gewendet: Können diese den Zuspruch Christi Menschen verkündigen, die sie für Falsch-Getaufte halten? Fehlt einer Predigt, die an divergente Taufverständnisse gebunden ist, die entscheidende Basis? Und wenn dies (noch?) so ist, wie kann dies von den Predigt-Verantwortlichen produktiv begleitet werden?

(3) Die dritte Herausforderung spiegelt sich in tastenden Formulierungen der Erklärung von EKD und VEF zu »Fremdheitserfahrungen«, die in der Predigtgemeinschaft von Landes- und Freikirchen zu erwarten seien:

> »Die Kirchen- bzw. Bundesleitungen bitten darum, die Begegnung mit den anderen Gottesdienstkulturen in der Erwartung zu gestalten, im Unbekannten oder Unvertrauten eine Bereicherung zu entdecken. Gast zu sein bedeutet nicht, blind zu sein für Unterschiede, und befreit nicht davor, im Unvertrauten auch Befremdliches zu empfinden. Das Gebot des Respekts gibt aber vor, Unterschiede – wenn man sie in der Predigt zum Gegenstand machen möchte – in einer Form anzusprechen, die die Praxis des anderen nicht grundsätzlich infrage stellt oder ihre Rechtmäßigkeit anzweifelt.«[13]

Was sich als Höflichkeit im Alltag bewähren mag, wird für das Ereignis der öffentlichen Verkündigung durchaus zum Problem. Denn eine Predigt, die befremdliche Praxis, z. B. im Umgang mit Genderfragen oder Diversität, anspricht, ohne sie grundsätzlich infrage zu stellen oder ihre Recht-

[13] Erklärung zur Predigtgemeinschaft (s. Anm. 1), Z. 89–99.

mäßigkeit anzuzweifeln, hieße ihr Wesensmerkmal, sich mit Allem im Licht des Evangeliums kritisch auseinanderzusetzen, zu beschneiden. In dieser Weise zu empfehlen, in einer Predigt konflikthafte Themen zu umgehen oder nur abgemildert anzuprangern, weil man sich im Großen und Ganzen des Evangeliums ja einig sei, droht, die Verkündigung mit Sprechverboten zu beschweren oder sie »lau« zu machen. Dies muss gerade dann, wenn die Transformationen der protestantischen Predigtkultur durch Predigtgastfreundschaft, Kanzeltausch und Predigtgemeinschaft vorangebracht werden sollen, als Gefahr benannt und produktiv gestaltet werden. Hier braucht es mehr konfliktfähige Wahrhaftigkeit, als dies in der Erklärung bisher erkennbar ist.

4. Impulse für die Qualitätssicherung des Vertrauensgutes Predigt in Transformationsprozessen

Die Veränderungen der Predigtlandschaft der Gegenwart geschehen selten so kirchenleitend initiiert, wie dies durch die Erklärung von EKD und VEF jetzt versucht wird. Vielfältige Graswurzeldynamiken wirken schon heute, nicht nur in den Gemeinden vor Ort, sondern insbesondere durch die Medialisierung der Verkündigungspraxis. Annäherungen und Abstoßungen in den pluralen homiletischen Vorstellungswelten vollziehen sich heute mit solcher Vehemenz, dass die Standards von Bildungswegen, die zu Ordination und Predigtbeauftragung führen, mannigfach hinterfragt werden.

Der Vorgang rings um die Erklärung zur Predigtgemeinschaft von EKD und VEF wird seinerseits publizistisches Interesse wecken. Da werden Pressemeldungen zu verfassen sein und möglicherweise auch Begleitmaterialien und Briefe für die Gemeinden. Das Panorama der Reaktionen wird weit gespannt sein, von Empörung über eine Verwischung der identitätsrelevanten Abgrenzungen zwischen Landes- und Freikirchen, bis hin zur Freude über neue Möglichkeiten der wechselseitigen homiletischen Inspirationen oder auch spöttischem Desinteresse an Predigtereignissen insgesamt. Das wissenschaftliche Weiterarbeiten, die Evaluationen und Modellerstellungen werden ihre Zeit brauchen, und es ist gut, dass dafür Ressourcen zur Verfügung gestellt werden.

Unterdessen müssen die Verantwortlichen für die Transformationen der Glaubenskultur sorgfältig auf das Vertrauensgut Predigt achten, damit dieses nicht beschädigt wird. Als qualitätssichernde Maßnahmen gilt es, Herausforderungen möglichst klar zu benennen und transparente Diskurse zu ihrer Klärung zu evozieren, besonders im Hinblick auf die hier benannten Themen: die unterschiedlichen homiletischen Bildungsstandards, die Ablehnung von Taufformen in gastgebenden Gemeinden und damit die Auflösung der baptismalen Verankerung evangelischer Verkündigung und die Schwierigkeiten, befremdende Missstände z. B. im Umgang mit Genderfragen und Diversität ohne Sprechverbote in Predigten aufzeigen zu können.

Theorien zur Predigt mit kultureller Intelligenz und zur rezeptionsästhetischen Mündigkeit der Predigthörenden, sowie zum Verständnis der Predigt als offenem Kunstwerk, können dafür genutzt werden, die Kompetenzen zu fördern, die für eine Bewältigung derartiger Herausforderungen in den Transformationen des 21. Jahrhunderts gebraucht werden.

Das Vertrauen stiftende Gut des Evangeliums gemeinsam entdecken

Beobachtungen zur Erklärung von EKD und VEF zur Predigtgemeinschaft

Oliver Pilnei

Gemeinsame Überzeugungen zu pflegen und zu stärken, ist eine gute ökumenische Tugend. Sie erweist sich gerade dann als hilfreich, wenn diejenigen Überzeugungen, die Kirchen teilen, noch nicht von einem vollumfänglichen Konsens getragen sind. In einer Zeit, in der gesellschaftliche Fliehkräfte massiv wachsen und die Bereitschaft zunimmt, Unterschiede zu einem trennenden Dissens eskalieren zu lassen, sind ökumenische Vorstöße, die das Gemeinsame stärken, wohltuende Alternativen. Die Erklärung »Evangelisch predigen« von EKD und VEF ist ein solcher Vorstoß. Und gerade das macht sie interessant. Warum erscheint sie zu diesem Zeitpunkt?

1. Der Weg zur Erklärung

Nachdem die VEF-Mitgliedskirchen 2011 in der Stellungnahme »Evangelisch sein« eine grundlegende Übereinstimmung mit der Leuenberger Konkordie festgestellt hatten, wurde dieses ökumenische Signal vom sog. Kontaktkreis zwischen EKD und VEF aufgenommen und in einem langjährigen Gesprächsprozess vertieft. Vertreter der Leitungsgremien aus EKD und VEF sowie ein theologischer Arbeitskreis loteten aus, wie die Feststellung der Übereinstimmung mit dem wohl bedeutsamsten Papier der evangelischen Ökumene fruchtbar gemacht werden könnte. In den ersten Jahren wurden zunächst Fragen rund um das Taufverständnis bearbeitet, weil in der Taufpraxis nach wie vor der größte Dissens bestand. Dieser Gesprächsgang mündete in eine öffentliche Tagung, die im Jahr 2019 unter der Überschrift »Neue Perspektiven auf die Taufe« in Reutlingen stattfand und neben Kurzvorträgen intensive Gespräche beinhaltete.[1] Die

[1] Die Beiträge der Tagung sind in der Dokumentation des Evangelischen Presse-

dort vorranging behandelten Themen, Initiation und Kirchengemeinschaft ohne Lehrkonsens, wurden zeitgleich in Lehrgesprächen zwischen dem Bund Evangelisch-Freikirchlicher Gemeinden (VEF-Kirche) und der VELKD verhandelt, weshalb sich der Kontaktkreis und das theologische Arbeitsgremium einem anderen Thema widmeten: der Predigtgemeinschaft. Der Reutlinger Impuls, theologische Gemeinsamkeiten zu stärken und damit auch einen Baustein für ein noch ausstehendes Healing of Memories zu liefern, wurde aufgenommen. Die bereits gelebte Praxis der Predigtgemeinschaft bzw. des Kanzeltauschs wurde als Themenfeld identifiziert. Damit wurde dasjenige Handlungsfeld zum Thema, das den vielgestaltigen Protestantismus in Deutschland und weltweit besonders kennzeichnet. Um die theologische Tragfähigkeit einer möglichen Erklärung auszuloten, wurde ein theologischer Studientag angesetzt, der 2023 in Frankfurt a. M. stattfand und ökumenische, konfessionskundliche und kirchenrechtliche Fragestellungen thematisierte.[2] Hier bestätigte sich der Eindruck, dass eine theologisch belastbare Grundlage für eine gemeinsame Erklärung gegeben ist, die ausgearbeitet werden sollte. Das Ergebnis liegt in Gestalt der Erklärung von EKD und VEF vor. Wie ist sie einzuordnen?

2. Die Erklärung als Vertiefung kirchlicher Gemeinschaft

Die Erklärung verfolgt die Absicht, die bereits gelebte Praxis des Kanzeltauschs zu intensivieren und konkretisieren sowie sie dort zu initiieren, wo sie noch nicht existiert. Als Vereinbarung formalisiert sie somit bereits gelebte Praxis. Handelnde Personen bzw. Gemeinden werden ermutigt, die ökumenische Gemeinschaft wachzuhalten und in der kirchlichen und gesellschaftlichen Öffentlichkeit sichtbare Zeichen christlicher Gemeinschaft zu setzen. Die gelebte Praxis erhält dadurch einen stabilisierenden Rahmen, der Bestehendes festigt, aber auch Neues ermöglicht. Gemeinden, die sich auf den Weg machen wollen, um Predigtgemeinschaft vor Ort zu etablieren, steht mit der Vereinbarung eine Referenz zur Verfügung, die ihr ökumenisches Anliegen angesichts möglicher Fragen und Einwände

dienstes epd 14/2020 zu finden: https://www.ekd.de/ekd_de/ds_doc/Neue_Perspektiven_auf_die_Taufe_epd_doku_2020.pdf (abgerufen am 20. 07. 2024).

2 Ebenfalls erschienen in der Dokumentation des Evangelischen Pressedienstes, epd 19/2023: https://www.ekd.de/ekd_de/ds_doc/23_19_Evangelisch_predigen.pdf (abgerufen am 20. 07. 2024).

plausibilisiert. Durch den Begriff der Predigtgemeinschaft erfährt die Praxis des Kanzeltauschs eine ökumenische Aufwertung, da der neu verwendete Terminus eine tieferreichende Gemeinschaft am Predigtgeschehen unterstellt, als das beim sog. Kanzeltausch automatisch der Fall ist. Während der Tausch des Predigtortes auch im Rahmen eines ökumenischen Kennenlernens praktiziert werden kann, unterstellt der Begriff Predigtgemeinschaft eine Gemeinschaft am Evangelium, die in der Erklärung unter Rückgriff auf die VEF-Stellungnahme »Evangelisch sein« explizit konstatiert wird. Ebenfalls wird wechselseitig das Vertrauen ausgesprochen, dass in den Mitgliedskirchen bzw. Gemeindebünden das Evangelium rein gepredigt wird. Aufgrund ihres empfehlenden Charakters hat die Erklärung aber keine kirchenrechtlich verbindlichen Folgen. Auch das Kanzelrecht verbleibt bei den Verantwortlichen vor Ort. Nach Auskunft der Verfasser stehen der Erklärung aber weder kirchenrechtliche noch theologische Bedenken entgegen, sodass das Dokument in der Vorrede sogar als »ein Schritt auf dem Weg zur möglichen vollen Kirchengemeinschaft«[3] bezeichnet wird. Das lässt aufhorchen. Zwar wird der Begriff Kirchengemeinschaft vermieden, aber VEF und EKD haben im Blick, dass die Erklärung die Gemeinschaft der beteiligten Kirchen dem Anspruch nach vertieft.

Eine weiterreichende Erklärung ist jüngst zwischen der Vereinigten Evangelisch-Lutherischen Kirche Deutschlands (VELKD) und dem Bund Evangelisch-Freikirchlicher Gemeinden (BEFG) gelungen, nämlich die Feststellung einer »Kirchengemeinschaft auf dem Weg«[4]. Entscheidend an dem in diesem Lehrgespräch erzielten Durchbruch ist, dass zum einen wesentliche Bestände evangelischer Lehre wie das Verständnis von Evangelium, Abendmahl, Gnade Gottes, Glaube und Kirche als gemeinsame theologische Grundlagen festgehalten werden,[5] und zum anderen mit Hilfe des Konzeptes der Initiation »trotz unterschiedlicher ekklesiologischer Konzeptionen und bleibend verschiedener Taufpraktiken beide Wege zum Christsein wech-

[3] Rat der EKD und Vorstand der VEF, Erklärung der Evangelischen Kirche in Deutschland (EKD) und der Vereinigung Evangelischer Freikirchen (VEF) zur Predigtgemeinschaft, Hannover 2024, Z. 115f.

[4] S. dazu das gleichnamige Abschlussdokument des Lehrgesprächs zwischen BEFG und VELKD: Kirchengemeinschaft auf dem Weg (Texte aus der VELKD 194/2023), https://www.velkd.de/fileadmin/user_upload/VELKD/PDF/Publikationen/Texte-aus-der-VELKD/Texte-194-Kirchengemeinschaft-auf-dem-Weg-2023.pdf (abgerufen am 20.07.2024). Die Kirchenleitung der VELKD hat dem Dokument im September 2023, die Ratsversammlung des BEFG im Mai 2024 zugestimmt.

[5] A. a. O., Nr. 35–47.

selseitig als evangeliumsgemäß«[6] anerkannt werden. Damit ist theologisch der Boden für eine Kirchengemeinschaft auf dem Weg bereitet, deren offizielle Erklärung seitens der Kirchenleitungen zwar noch aussteht, der aber sachlich nichts mehr im Wege steht. Da die VELKD Teil der EKD und der BEFG Teil der VEF ist, kann die Kirchengemeinschaft auf dem Weg für das zwischen EKD und VEF verfolgte Anliegen und die ausstehende Rezeption in den jeweiligen Gliedkirchen ein ökumenisch wichtiger Referenzpunkt sein. Sie ist z. B. insofern bedeutsam, als früher festgestellte Differenzen, wie sie in der Stellungnahme »Evangelisch sein« trotz der dort festgestellten grundlegenden Übereinstimmung noch anklangen, relativiert bzw. für einzelne Kirchen sogar überholt sind. Zwar lässt sich aufgrund der multilateralen Ökumene zwischen EKD und VEF die Kirchengemeinschaft von einzelnen Gliedkirchen nicht einfach übertragen, aber doch liegt ein Ergebnis vor, das die Richtung weist und zumindest für einzelne beteiligte – und im Blick auf die jeweilige Gesamtzahl der Mitglieder nicht unerhebliche – Kirchen als Referenzgröße herangezogen werden kann. Das von EKD und VEF gemeinsam geteilte Verständnis des Evangeliums ist jedenfalls so weitreichend, dass sich Dissense in den klassischen kontroverstheologischen Topoi wie Ekklesiologie, Gnaden- und Glaubensverständnis nicht mehr feststellen lassen. Trennende Differenzen in diesen kontroverstheologischen Themen sind inzwischen von einzelnen Kirchen überwunden und aufs Ganze gesehen eher im Schwinden begriffen. Weder Differenzen im Kirchen- oder Glaubensbegriff noch Unterschiede im Taufverständnis müssen ein Hindernis für die Predigtgemeinschaft zwischen EKD und VEF sein. Auch die Leuenberger Konkordie hebt ja nicht die Differenzen zwischen den Lehrtraditionen der Signatarkirchen auf.

Für die Rezeption der Erklärung und die Ausgestaltung der Predigtgemeinschaft könnte eine wichtige Feststellung aus dem Abschlussdokument von BEFG und VELKD zum Orientierungspunkt werden: »Kirchengemeinschaft auf dem Weg beschreibt die schon bestehende Gemeinschaft zwischen beiden Kirchen im Hören auf das Evangelium und bei seiner Verkündigung, im Feiern von Gottesdiensten, in der diakonischen Zusammenarbeit und im gemeinsamen Auftreten in einer säkularen Gesellschaft. Die Gemeinschaft der beteiligten Kirchen ist Ausdruck ihrer Kirchengemeinschaft auf der Grundlage des Evangeliums von Jesus Christus.«[7] Auch wenn EKD und VEF eine Predigt- und keine Kirchengemeinschaft erklären,

[6] A. a. O., Nr. 87.
[7] A. a. O., Nr. 3.

so wird diese doch ausdrücklich als Gemeinschaft am Evangelium verstanden. So erweist sich das Evangelium als Vertrauensgut in einem doppelten Sinn: Es wirkt und erhält den Glauben als rettendes Vertrauen in Jesus Christus (πίστις) und es nährt das Vertrauen zwischen Kirchen aus unterschiedlichen Traditionen in einer Weise, dass verbleibende Unterschiede kein Hindernis für die Gemeinschaft sind. Gerade die Gemeinschaft in der Evangeliums*predigt* macht dies deutlich.

3. Homiletische Chancen und Herausforderungen der Predigtgemeinschaft

a) Gemeinschaft in der Predigt des Wort Gottes

Die Predigtgemeinschaft verfolgt ein theologisches Anliegen, das sich zu würdigen lohnt. Auf den ersten Blick kann der Eindruck entstehen, dass die Erklärung lediglich auf eine bereits vorhandene und für das verfolgte Anliegen nützlich erscheinende Praxis fokussiert, die als Kanzeltausch hier und da bereits gepflegt wird. Bei näherem Hinsehen zeigt sich aber, dass durch den Begriff »Predigtgemeinschaft« der Vorgang, der für protestantische Gottesdienstkultur in ihrer Breite wesentlich ist, eine theologische Tiefenschärfe bekommt. Evangelisch verstandene Predigt beruht nämlich auf theologisch zentralen Annahmen, die das Predigtgeschehen tragen und sich in ihm wiederfinden: Die Kirche wird als Geschöpf des Wortes Gottes verstanden, das aus dem Wort Gottes hervorgeht, von ihm getragen ist und deshalb konstitutiv auf das verbum divini bezogen bleibt. Die je neue Vergegenwärtigung des Wortes Gottes erfolgt in Gestalt der Evangeliumspredigt durch dafür beauftragte Personen. Predigtgemeinschaft bedeutet so betrachtet nicht weniger, als dass eine Person aus einer Kirche der VEF bzw. EKD durch die Predigt in einer Kirche der EKD bzw. VEF dieser Kirche als Prediger bzw. Predigerin des Wortes Gottes gegenübertritt. Die Gemeinde aus der jeweiligen Konfession drückt damit aus, dass sie bereit ist, das sie begründende und tragende Wort Gottes durch die predigende Person aus der anderen Konfession zu hören und im Glauben anzunehmen.[8] Diese theologische Grundstruktur verdeutlicht, dass sich

8 Die kongregationalistisch verfassten Freikirchen der VEF werden im Licht der Erklärung darüber nachzudenken haben, auf welcher Grundlage der Predigtdienst von sog. »Laien« erfolgt und durch welche Beauftragung er gedeckt ist.

bereits durch das Predigtgeschehen Wesentliches für die ökumenische Gemeinschaft vollzieht, wenn diese denn als Gemeinschaft am Evangelium verstanden wird. Ein ökumenischer Kanzeltausch ist dann mehr als eine freundschaftliche Geste unter sich gut verstehenden ökumenischen Kollegen und mehr als eine willkommene Abwechslung für die hörende Gemeinde; vielmehr kann er als Ausdruck des die Kirche gründenden und sie erhaltenden Geschehens verstanden werden, das Evangelium zu hören und im Glauben anzunehmen – und das in ökumenischer Offenheit. Es kommt damit auch zum Ausdruck, dass das Evangelium der jeweiligen Lehrtradition überlegen und ihr schon immer voraus ist. Auch wenn die jeweiligen Kirchen ihr Evangeliumsverständnis als sachgemäß begreifen, so rechnet eine ökumenische Haltung damit, dass es ergänzende, ebenfalls sachgemäße Beschreibungen des Evangeliums gibt. Sie agiert in dem Bewusstsein, dass das Evangelium das Vertrauen stiftende Gut schlechthin ist, das in der Predigtgemeinschaft gemeinsam neu entdeckt wird. Dass dies nicht ohne Irritationen und Fremdheitserfahrungen ablaufen wird, liegt auf der Hand. Indem sich die beteiligten Kirchen diesen Erfahrungen aussetzen, wagen sie eine theologische und lebensweltliche Offenheit, die zukünftig für die Kirche ohnehin angezeigt ist.

b) Predigtgemeinschaft als Offenheit für Neues und Fremdes

Die empfohlene Predigtgemeinschaft wird die Predigenden sowie die Gemeinden mit Neuem und Fremdem konfrontieren. Neutestamentlich betrachtet können Fremdheitserfahrungen zu einer Vertiefung des immer kulturell geprägten Selbst- und Gottesverständnisses führen. Neues an sich heranzulassen und das Fremde darin auszuhalten, kann mitunter zu einer Schlüsselerfahrung werden, die den Zugang zu einer bislang verstellten Dimension des Wirkens Gottes eröffnet. Exemplarisch dafür kann die dem Petrus in einer Vision vermittelte Erkenntnis stehen, dass der Unterschied zwischen rein und unrein aufgehoben ist (Apg 10,1–35). Erst diese Fremdheitserfahrung plausibilisierte ihm die Möglichkeit der Heidenmission und führte ihn zu einer vertiefenden Entdeckung des Evangeliums. Mutatis mutandis kann die Predigtgemeinschaft vergleichbare Erfahrungen der Neuentdeckung und Vertiefung des Evangeliums mit sich bringen. Damit Irritationen nicht unnötige Distanz aufbauen, erscheint es sehr angebracht, beteiligten Gemeinden und Personen konkretisierendes Arbeitsmaterial zur Verfügung zu stellen, das für den Umgang mit neuen und fremden Frömmigkeitskulturen sensibilisiert. Es sollte Gemeinden und berufene Predigende auf Fremdheitserfahrungen vorbereiten, sie dazu anleiten, differenziert mit diesen umzugehen, und das empfohlene »Gebot des Respekts«[9] so zu konkretisieren, dass Predigtgemeinschaft auch angesichts von herausfordernden Differenzen praktiziert werden kann. Auch angesichts kontrovers diskutierter Themen, wie z. B. Genderfragen, oder handfester Unterschiede in Frömmigkeitskulturen gilt es Kommunikationsformen zu beschreiben, die eine Alternative zwischen Belehrung und Schweigen ermöglichen. Ein Weg wird vermutlich darin bestehen, eigene Überzeugungen so zu adressieren, dass ein über die Predigt hinausgehendes Gespräch möglich wird. Dafür wird es hilfreich sein, Gemeinsames zu suchen und nicht mit den Themen zu beginnen, die Eskalationspotential haben.

c) Homiletische Forschungsfelder

Für die homiletische Forschung ergeben sich mit der Predigtgemeinschaft eine ganze Reihe von interessanten Themenfeldern. Da ist z. B. der Bereich der interkulturellen Predigt zu nennen, der in der deutschsprachigen Homiletik bislang wenig Aufmerksamkeit findet. Auch wenn mit diesem Begriff eher ethnisch interkulturelle Phänomene in den Blick kommen, so können interkulturelle Überlegungen auch auf konfessionelle Kulturphänomene übertragen werden. Darüber hinaus ist in einigen VEF-Freikirchen zunehmend mit ethnisch interkulturellen Gemeindesituationen zu rechnen, die homiletischer Reflexion bedürfen. Eine Beschäftigung mit interkulturellen homiletischen Fragen wird zeigen, dass die Kulturunterschiede nicht nur das Gottesdienstgeschehen oder die Performanz der Predigt betreffen, sondern auch die Paradigmen, unter denen biblische Texte wahrgenommen und ausgelegt werden. Eine Rezeption der Homiletik des African American Preaching dürfte beispielsweise eine gewinnbringende Orientierung für ein anders akzentuiertes Verständnis des Predigtgeschehens sowie die Erlösungs- und Befreiungsdimension des Evangeliums versprechen.[10] Homiletisch ebenfalls ertragreich dürften die grundlegenden Überlegungen von Jayson Georges sein, der überzeugend darlegt, wie die Beheimatung in einer Scham-, Angst- oder Schuldkultur zu leitenden Auslegungsparadigmen und einer unterschiedlichen Wahrnehmung der bib-

9 Erklärung zur Predigtgemeinschaft (s. Anm. 3), Z. 95.

10 Vgl. z. B. Frank A. Thomas, Introduction to the Practice of African American Preaching, Nashville, TN 2016; Cleophus J. LaRue (Ed.), More Power in the Pulpit. How America's most effective black Preachers prepare their Sermons, Hilden 2009.

lischen Überlieferung führt.[11] Eine Predigt, die sich aus guten Gründen der Rechtfertigungslehre verpflichtet weiß, wird so nicht nur ihrer eigenen kulturellen Verhaftung gewahr, sie lernt zugleich die eigene Lehrtradition in einem anderen Wahrnehmungshorizont zu reflektieren, kultursensibel mit ihr umzugehen und ggf. andere Auslegungen in das eigene Verständnis des Evangeliums zu integrieren. In dieses Themenfeld können auch Fragestellungen nach der Machtdimension der Predigt integriert werden, die jüngst aus dem Bereich der postkolonialen Theorien auf die Homiletik übertragen wurden.[12] Die Frage nach einer (m)achtsamen Predigt hat in einem ökumenisch und kulturell vielfältigen Setting allemal ihre Berechtigung. Die homiletische Arbeit könnte so dazu beitragen, dass die Predigtgemeinschaft auch als Bereicherung der Predigtpraxis erlebt wird.

Weiter kann die homiletische Arbeit dafür sensibilisieren, dass und wie die Predigt Teil des Gottesdienstes ist. Ein Gottesdienst nach Grundform 1, der flexible Umgang mit der stabilen Grundstruktur des Gottesdienstes, ein Lobpreisgottesdienst, eine gottesdienstliche Feier mit Raum für persönliches Gebet – all diese Gottesdienstformate erzeugen einen »Klangraum« und geben auf unterschiedliche Weise der Predigt ihre »liturgische Klangfarbe«[13]. Diese von A. Deeg und D. Plüss eingeführte Heuristik kann ökumenisch erprobt und vertieft werden. Die Klangfarben Klassik, Jazz, Rock und Pop sowie Volksmusik erzeugen ein eigenes gottesdienstliches Gepräge und haben mit Sicherheit Einfluss auf die Performanz der Predigt. Dies wahrzunehmen, den konfessionellen Sitz von liturgischen Klangfarben zu würdigen und für die eigene Tradition von ihnen zu lernen, erscheint als durchaus interessantes Unterfangen, das homiletisch-liturgisch begleitet werden kann. Dass auch hier das Erleben der jeweils anderen Tradition in ihrer Eigenheit eine wichtige und bereichernde Erfahrung ist, zeigt dem Verfasser eine Erfahrung, die er im Kontext der Braunschweiger Stadtteilökumene machen durfte. Die Ökumene von katholischer, lutherischer, selbständig-lutherischer und baptistischer Gemeinde hatte dort eine längere Tradition. Nach einer Neubesetzung der Pfarrstellen wurde beschlossen, die Feier ökumenischer Gottesdienste

[11] Jayson Georges, Mit anderen Augen: Perspektiven des Evangeliums für Scham-, Schuld- und Angstkulturen, Neudorf 2018.

[12] Sabrina Müller / Jasmine Suhner, Transformative Homiletik. Jenseits der Kanzel. (M)achtsam predigen in einer sich verändernden Welt, Interdisziplinäre Studien zur Transformation 3, Neukirchen-Vluyn 2023.

[13] Vgl. dazu Alexander Deeg / David Plüss, Liturgik, Lehrbuch Praktische Theologie 5, Gütersloh 2021, 537–550.

wieder aufzunehmen. Der erste Gottesdienst versuchte, die verschiedenen kirchlichen Traditionen für alle auf scheinbar verträgliche Weise zu mischen. Das Ergebnis wurde seitens der Pfarrpersonen als unbefriedigend erlebt und der Entschluss getroffen, reihum einen Gottesdienst in der jeweiligen konfessionellen Tradition zu feiern und die Predigt von einem Ordinierten aus einer anderen Konfession halten zu lassen. Das war für einige Jahre eine Praxis von Predigtgemeinschaft, die von allen Beteiligten als sehr bereichernd erlebt wurde. Auch die Erfahrung, im katholischen Gottesdienst nicht gemeinsam das Mahl des Herrn feiern zu können, wurde ausgehalten. Die lokale ökumenische Zusammenarbeit wird die empfohlene Predigtgemeinschaft auch als Chance nutzen können, gemeinsam Gottesdienste im öffentlichen Raum zu feiern. Dies muss nicht gleich ein Tauffest sein, aber auch das ist möglich und vereinzelt Usus.[14]

Ferner könnte die empirische homiletische Forschung die Predigtgemeinschaft als Gelegenheit nutzen, um Predigtmaterial zu generieren, das auf verschiedene Fragestellungen hin untersucht wird. Die homiletische Rezeption evangelischer Predigtkultur ist trotz unzähliger Predigten im Internet nach wie vor stark geprägt von den Predigtsammlungen exponierter Vertreter der Zunft. Was wissen wir z. B. über die Predigt auf EKD- und VEF-Kanzeln im Zusammenhang der Wende, des 11. September 2001 und der COVID-19-Pandemie? Empirische Forschung könnte das Bild in ökumenischer Weite erhellen.

4. Ausblick: Predigtgemeinschaft als Raum der Einübung der Sendung der Kirche

Die Vorrede der Erklärung erwähnt eingangs, dass sich evangelische Landes- und Freikirchen gemeinsam gesandt wissen, das Evangelium zu verkündigen. Die Entdeckung der missio Dei ist in der Missiologie seit etlichen Jahrzehnten ein leitendes Paradigma geworden. Im Blick auf die Predigtgemeinschaft enthält dieses missiologische Paradigma mindestens zwei wichtige Gesichtspunkte: Es führt zu der Einsicht, dass der christliche Gottesdienst in seinen vielfältigen konfessionellen und kulturellen Ausdrucksformen ein Instrument jener Sendung Gottes ist, die die Kirche begründet, ihr aber auch immer voraus ist. Somit lädt es zu einer heilsamen

14 https://www.ems-vechte-surfer.de/nachrichten/drittes-oekumenisches-tauffest-am-nordhorner-vechtesee-500071.html.

Selbstrelativierung ein. Und es ermutigt dazu, Gastfreundschaft nicht nur zu gewähren, sondern auch zu erfahren bzw. sich ihr bewusst auszusetzen. Während die Gewährung von Gastfreundschaft meist zu selbst definierten Bedingungen erfolgt und dazu führt, dass man sich in einer ökumenischen Komfortzone bewegt, auf die andere sich einlassen müssen, bedeutet die Inanspruchnahme von Gastfreundschaft, die konfessionelle Komfortzone zu verlassen und sich auf das kulturelle Setting anderer einzulassen. In Anlehnung an Lk 10,3–9, einen Grundtext missionaler Theologie, könnte man sagen: Es kommt darauf an, in andere Gotteshäuser einzugehen, nach Kindern des Friedens zu schauen und zu essen, was einem vorgesetzt wird. In einer Phase, in der sich das Christentum in Deutschland zur Minderheit entwickelt, werden beide Haltungen für die Sendung der Kirche bedeutsam sein und können im Rahmen der Predigtgemeinschaft ökumenisch erprobt werden.

Evangelisch predigen

Perspektiven aus Sicht der GEKE für eine Predigtgemeinschaft zwischen evangelischen Landes- und Freikirchen

Bernd Oberdorfer

1. ›Leuenberg light‹?!

Kanzelgemeinschaft, Predigtgemeinschaft ohne volle Kirchengemeinschaft – das scheint das Format zu sein, das sich in den Gesprächen zwischen EKD und VEF als passend und zukunftsträchtig herausgestellt hat, um die Beziehungen zwischen beiden Kirchen bzw. Kirchenbünden sowohl zu beschreiben als auch zu dynamisieren.

Doch ich zögere schon: Soll es wirklich heißen »*ohne* volle Kirchengemeinschaft« – oder nicht besser »*statt* voller Kirchengemeinschaft«? Geht es also nicht um eine Vorstufe oder eine reduzierte Form von Kirchengemeinschaft, sondern um ein alternatives Modell zur Kirchengemeinschaft – ein Modell, das nicht *weniger*, sondern *anderes* benennt, weil die Beziehungen zwischen Landeskirchen und Freikirchen – bzw. jedenfalls: zwischen *diesen* Landeskirchen (und ihrem Verbund) und *diesen* Freikirchen (und ihrem Verband) – eben anders zu bestimmen sind als die zwischen den EKD-Mitgliedskirchen untereinander (und wohl auch als die zwischen den VEF-Mitgliedern untereinander). Dann wäre der Unterschied zwischen Predigtgemeinschaft und Kirchengemeinschaft kein graduell-quantitativer, sondern ein kategorial-qualitativer. Predigtgemeinschaft könnte dann auch genauso intensiv sein wie Kirchengemeinschaft. Es ginge dann also nicht um so etwas wie ›Leuenberg *light*‹, sondern um einen *anderen Typ* von Gemeinschaft als Leuenberg.[1]

Aber so ganz stimmt das auch nicht. Denn was die kirchliche Erklärung zwischen EKD und VEF als »Predigtgemeinschaft« beschreibt, ist ja

[1] Wenn ich hier wie im Folgenden »Leuenberg« schreibe, ist mit dieser Chiffre strukturell die aus der Leuenberger Konkordie erwachsene »Gemeinschaft evangelischer Kirchen in Europa« (GEKE) mitgemeint.

inspiriert von Leuenberg und greift zentrale Momente von Leuenberg auf. In der Tat setzt »Predigtgemeinschaft« voraus, dass wir uns – bzw. unseren »ordnungsgemäß berufenen« Geistlichen – wechselseitig grundsätzlich zutrauen, das Evangelium »rein verkündigen« zu können. Und das impliziert, dass wir einen »Konsens in Grundwahrheiten« des Evangeliums konstatieren können, der es erlaubt, in der »Verkündigung« des je anderen dieses Evangelium ungeachtet aller Differenzen so ungetrübt zu erkennen, dass wir uns gegenseitig unbesorgt auf unsere Kanzeln oder kanzelanalogen Verkündigungsorte einladen können. Fast hätte ich hier – im Fahrwasser von Leuenberg und der »Gemeinsamen Erklärung zur Rechtfertigungslehre« – schon formuliert: »dass wir die verbleibenden Differenzen nicht mehr als kirchentrennend auffassen müssen«. Aber hier legt sich natürlich sofort die Rückfrage nahe: Warum dann nicht gleich volle Kirchengemeinschaft?

Freilich war es vielleicht ein bisschen leichtfertig, Leuenberg und die »Gemeinsame Erklärung« an dieser Stelle in einem Atemzug zu nennen. Denn beide Dokumente unterscheiden sich ja genau in ihren Konsequenzen: Die Leuenberger Konkordie erklärt auf der Basis eines gemeinsamen Verständnisses des Evangeliums angesichts der erreichten Konsense in allen traditionell strittigen Punkten volle Kirchengemeinschaft im Sinne von Kanzel- und Altargemeinschaft und uneingeschränkter wechselseitiger Anerkennung des ordinationsgebundenen Amtes für gegeben. Die GER hingegen beschränkt den Konsens auf »Grundwahrheiten der Rechtfertigungslehre«, so dass nur die »verbleibenden Differenzen« *in der Rechtfertigungslehre* nicht mehr als kirchentrennend gelten müssen. Ob das auch von anderen Differenzen gilt (Abendmahl, Amt, etc.), muss zunächst geklärt werden, ehe entschieden werden kann, ob der »Konsens in Grundwahrheiten« eine hinreichende Basis für Kirchengemeinschaft ist. Aus einem »Konsens in Grundwahrheiten« folgt also nicht automatisch Kirchengemeinschaft.

Wenn ich recht sehe, ist die »Predigtgemeinschaft« von EKD und VEF irgendwo *zwischen* Leuenberg und GER angesiedelt. Sie ist keine volle Kirchengemeinschaft wie Leuenberg, aber sie hat doch deutlich mehr Konsequenzen für gottesdienstliche Gemeinschaft als (jedenfalls bisher) die GER.

Dieses »zwischen« will ich im Folgenden genauer zu bestimmen versuchen. Dabei gehe ich von der Vermutung aus, dass der jeweils besondere Charakter von EKD und VEF auch eine spezifische Form der Beziehung erfordert, so dass man nicht einfach Modelle, die sich in anderen ökumenischen Konstellationen bewährt haben, übernehmen kann. Ich unterstelle auch, dass die angestrebte »Predigtgemeinschaft« nicht ein bloßes Durchgangsstadium auf dem Weg zu »voller Kirchengemeinschaft« ist, zugleich aber doch nicht statisch gedacht ist, sondern ›Ausdruck und Werkzeug‹ einer Dynamik sein soll, die aufgrund *gewachsener* Verbundenheit zu *wachsender* Verbundenheit führen kann. Dass es keine Blaupause gibt, heißt natürlich nicht, dass Anregungen aus anderen ökumenischen Kontexten und Diskursen nicht hilfreich sein könnten. Unter diesem Gesichtspunkt werde ich auch das Studiendokument »Glaube, der durch die Liebe tätig ist« zwischen Baptisten und Methodisten auf Weltebene in meine Überlegungen einbeziehen. Nicht übergehen werde ich zudem die amtstheologischen Konkretionen, bis hin zu der Frage, ob längerfristig an den Austausch von Amtsträgerinnen bzw. Amtsträgern, d. h. an einen Übergang von ordnungsgemäß berufenen Geistlichen von einer Landeskirche in eine Freikirche und umgekehrt – bei Anerkennung der jeweiligen Ausbildungsgänge – gedacht ist (oder eben nicht!).[2]

2. Die Leuenberger Konkordie: Kirchengemeinschaft auf der Basis eines »differenzierten Konsenses«

Die Leuenberger Konkordie (LK) überwand 1973 einen der tiefen Gräben, die sich schon im 16. Jahrhundert *innerhalb* der reformatorischen Bewegung aufgetan hatten. Dieser Graben war so tief, dass namentlich die Lutheraner – ungeachtet der gemeinsamen Frontstellung gegen die römische Kirche (und gegen die »Wiedertäufer«!) und ungeachtet vielfältiger Gemeinsamkeiten in den theologischen Grundlagen (*sola scriptura*, Rechtfertigung allein aus Glauben, um nur zwei Stichworte zu nennen) – kirchliche Gemeinschaft mit den Reformierten für nicht gegeben, ja in der Sache unmöglich erklärten. Namentlich im Verständnis des Abendmahls hielten sie die Positionen wegen des konträren Richtungssinnes der Perspektiven für vollkommen inkompatibel: Zwingli dachte, schematisch gesagt, von unten nach oben (die Gemeinde agiert, indem sie sich im Ritus an das durch Christus am Kreuz erwirkte Heil erinnert), Luther hingegen von oben nach unten (Christus agiert, indem er sich heilschaffend der versammelten Gemeinde vergegenwärtigt). Zwar kam Calvin den Witten-

2 Dass bereits jetzt in Einzelfällen landeskirchliche Geistliche offiziell abgeordnet für einige Jahre in freikirchlichen, genauer: mennonitischen Gemeinden Dienst tun, sei eigens erwähnt.

bergern insofern entgegen, als auch er von einer Präsenz Christi im Abendmahl sprechen konnte; aber eine *leibliche* Gegenwart Christi konnte auch er nicht zugestehen, weil ubiquitäre Leiblichkeit für ihn – wie für Zwingli – ein in sich widersprüchlicher Ungedanke war. Eine *geistliche* Selbstvergegenwärtigung Christi war den Lutheranern wiederum zu wenig, zumal sie ihnen auch die gott-menschliche Einheit der Person Jesus Christus zu zerstören schien. Manche Lutheraner sahen sich deshalb in der Betonung der wahren und wirklichen Präsenz des ganzen Christus in, mit und unter Brot und Wein näher bei Rom als bei Zürich oder Genf, wenngleich sie sich natürlich nicht auf die Transsubstantiation festlegen lassen wollten, auf der *communio sub utraque* bestanden und die vom Akt der Feier abgehobene Fronleichnamsfrömmigkeit ablehnten. Gewiss gab es noch andere Differenzen mit den Reformierten (exemplarische Auswahl: Prädestination, Christologie – Stichwort: *extra Calvinisticum* –, Ethos – Stichworte: Kirchenzucht, Zwei-Regimenten-Lehre). Diese dürfen verglichen mit dem Abendmahlsstreit aber getrost als *minor disagreements* bezeichnet werden, die als solche keine Kirchentrennung begründet hätten.

Ich sagte: Leuenberg hat diesen Graben überwunden. Genauer müsste man freilich sagen: Leuenberg hat in theologisch reflektierter und verantworteter Weise *ratifiziert*, dass der Graben überwunden *ist*. Denn Leuenberg war kein Anfang, sondern Resultat einer längeren, komplexen Verständigungsgeschichte. Diese begann im Grunde schon mit Pietismus und Aufklärung, die die Lehrdifferenzen relativierten, der eine im Namen der persönlichen *praxis pietatis*, die andere im Namen der Vernunftgemäßheit und lebenspraktischen Relevanz des Glaubens. Die Unionen des 19. Jahrhunderts wären allerdings nicht zustande gekommen ohne die Überzeugung, dass im Licht des übergreifend Gemeinsamen die Lehrdifferenzen selbst ihren kirchentrennenden Charakter verloren haben. Exemplarisch und maßstabsetzend durchdekliniert hat das Schleiermacher in seiner »Glaubenslehre«, der ersten ›Unionsdogmatik‹, einer »kirchlichen Dogmatik« par excellence, in der den einzelnen Paragraphen regelmäßig Quellenangaben aus beiden Bekenntnistraditionen beigefügt sind.

Die Unionen haben allerdings bekanntlich den lutherischen Widerstandsgeist erweckt und ein konfessionelles Selbstbewusstsein erzeugt, das sich erneut durch den Gegensatz – nun nicht mehr allein zum Reformiertentum, sondern auch zum Unionismus – definierte. Die Unionen pluralisierten daher in Deutschland den landeskirchlichen Protestantismus, statt ihn – wie intendiert – zu vereinen.

Insofern war der Weg nach Leuenberg kein Selbstläufer. Viele Faktoren trugen dazu bei, ihn zu ebnen. Trotz der genannten konfessionalistischen

Immunreaktionen erzeugten die Unionskirchen durch gemeinsames Gottesdienstleben, gemeinsame Frömmigkeitsformen, organisatorischen Zusammenhalt etc. ein Verbundenheitsbewusstsein, das auch in die Konfessionskirchen hinein ausstrahlte. Signifikant ist zudem, dass konfessionell geprägte theologische Entwürfe zunehmend konfessionsübergreifend rezipiert wurden. So hatte etwa – aller wechselseitigen Polemik zum Trotz – Karl Barths Theologie auch im Luthertum erheblichen Einfluss und der Unionslutheraner Dietrich Bonhoeffer wirkte weit über seine konfessionelle Herkunft hinaus. Von kaum zu überschätzender Bedeutung sind freilich die Erfahrungen im »Kirchenkampf«, in dem die gemeinsame Bedrohung von außen und innen – durch den nationalsozialistischen Staat und die nationalsozialistisch indoktrinierten »Deutschen Christen« – eine Zeugnisgemeinschaft schuf, in deren Licht die untergeordnete Relevanz der Lehrdifferenzen sichtbar und spürbar wurde. Mehr noch: Sichtbar und spürbar wurde, dass diese Lehrdifferenzen in der Sache selbst so tiefgreifend im Letzten gar nicht sein konnten, wenn Christen unterschiedlicher Konfession sich so stark als im Glaubenszeugnis vereint erfahren konnten. Auf der Basis solcher Vertrautheits- und Vertrauenserfahrungen konnte man dann beginnen, über die strittigen Lehrfragen Gespräche zu führen, die über mehrere Zwischenstufen dann in die Leuenberger Konkordie mündeten.

Ich habe das so ausführlich rekapituliert, um deutlich zu machen, dass Lehrkonsense nicht im luftleeren Raum oder am grünen Tisch entstehen, sondern ausgelöst sind durch Vertrautheits- und Vertrauenserfahrungen und auch nur nachhaltige Resultate haben können, wenn sie eingebettet bleiben in solche Erfahrungen. Umgekehrt werden durch diese Vertrautheit Lehrgespräche aber auch nicht überflüssig. Sie stabilisieren die entstandene Gemeinschaft vielmehr, indem sie sie reflexiv verantworten. Wie geschah dies nun in der LK?

Die LK arbeitete schon nach dem Prinzip des »differenzierten Konsenses«, als dieser Begriff in der ökumenehermeneutischen Diskussion noch gar nicht geprägt war. Denn weder beschränkte sie sich auf die bloße Feststellung, dass die Lehren der beteiligten Kirchen nicht mehr kirchentrennend seien, noch entfaltete sie eine umfassende gemeinsame Lehre. Sie formulierte vielmehr im Sinne von CA 7 für das Verständnis des Evangeliums und der Sakramente einen nach Überzeugung der unterzeichnenden Kirchen in den unterschiedlichen konfessionellen Traditionen enthaltenen elementaren Konsens, der die Differenzen nicht aufhob (es ging eben nicht um eine Bekenntnisunion!), sondern als unterschiedliche Entfaltungen dieses Konsenses durchsichtig machte. Unterstellt wird dabei nicht, dass diese Entfaltungen miteinander voll kompatibel sind. Es wird auch nicht verlangt, dass die Kirchen die entfalteten konfessionellen Lehren wechselseitig in ihren je eigenen Lehrbestand integrieren. Gefordert (und als gegeben erklärt) wird »nur«, dass die je speziellen konfessionellen Lehren als legitime Entfaltungen des formulierten Konsenses anerkannt werden und deshalb nicht mehr als kirchentrennend gelten müssen.

Dies lässt sich sehr schön am Abendmahlsartikel zeigen (LK 18–20). Hier wird zunächst ein Konsens formuliert, der eindeutig näher bei Luther und Calvin als bei Zwingli ist: »Im Abendmahl schenkt sich der auferstandene Jesus Christus in seinem für alle dahingegebenen Leib und Blut durch sein verheißendes Wort mit Brot und Wein.«[3] Wir müssen nicht in die Diskussion dieser Textpassage eintreten, in der jedes Wort und jede Wortfolge bereits hunderte Male hin- und hergewendet worden ist. Es genügt der Hinweis, dass der Konsens die sich schenkende Selbstvergegenwärtigung des auferstandenen Jesus Christus umfasst, in der dessen Leib und Blut kraft der von ihm selbst gegebenen Verheißung mit den sinnlichen Elementen Brot und Wein zusammengesprochen und mit ihnen empfangen wird. Die jahrhundertelang hochkontrovers diskutierte Frage, wie dies genau zu denken sein soll, wird bewusst offen gelassen; hier wird ausdrücklich *kein* Konsens gesucht. Gewarnt wird nur vor einem »Interesse an der Art der Gegenwart Christi im Abendmahl«, das sich abkoppelt vom konkreten »Akt des Essens und Trinkens«. Theorien über den Charakter der Leiblichkeit des auferstandenen und erhöhten Christus werden nicht schlechthin abgelehnt, aber sie werden gewissermaßen in die zweite Reihe zurückgesetzt und haben allenfalls dienende Funktion. Wer sie verabsolutiert und zum zwingenden Implikat der Abendmahlslehre macht, »läuft Gefahr, den Sinn des Abendmahls zu verdunkeln«. Die LK empfiehlt freilich auch nicht, die Unterschiede gleichsam in friedlicher Koexistenz nebeneinander her existieren zu lassen, sondern regt dazu an, im Licht des erreichten grundlegenden Konsenses den Dialog darüber weiterzuführen und das Verständnis zu vertiefen (vgl. LK 37).

3 Lutherisch ist es auch, wenn die wirksame Gegenwart Christi durch den Hinweis unterstrichen wird: »So gibt er sich selbst vorbehaltlos allen, die Brot und Wein empfangen; der Glaube empfängt das Mahl zum Heil, der Unglaube zum Gericht.«

3. »Evangelisch sein«: Leuenberg in der Perspektive der VEF

Es ist beeindruckend zu sehen, dass die VEF in ihrer Stellungnahme »Evangelisch sein«[4] die Methode der LK auf ihr eigenes Verhältnis zur GEKE als der Gemeinschaft der Signatarkirchen der LK anwendet. Klar artikuliert die VEF das Interesse, das verbindend Evangelische herauszuarbeiten, in dem sie eine elementare Gemeinsamkeit mit den GEKE-Kirchen erkennt. Eine formelle »Unterzeichnung der LK durch Mitgliedskirchen der VEF« war kein unmittelbares Ziel des »Diskussionsprozesses«; eine Doppelmitgliedschaft in VEF und GEKE ist aber nicht ausgeschlossen, wie das Beispiel der Evangelischen Brüder Unität (BU) und der Evangelisch-methodistischen Kirche (EmK) zeigt. Direkt angesprochen werden erhoffte konkrete Konsequenzen, namentlich die Überwindung bestehender Einschränkungen für »freikirchliche Bewerberinnen und Bewerber« bei »Vokationen, Zulassungen zu Dissertation und Habilitation und die Berufung auf Lehrstühle«.

Konkret bejaht die VEF das »satis est« von CA 7 und skizziert die Übereinstimmung mit der LK im Verständnis des Evangeliums anhand der vier reformatorischen »Sola«, denen sie ergänzend ein »sola experientia« zur Seite stellt, das aber sogleich unter Verweis auf Luther an das gemeinsam Reformatorische rückgebunden wird. Ausdrücklich anerkannt werden die altkirchlichen Glaubensbekenntnisse – nicht als formale Autoritäten (keine der Mitgliedskirchen der VEF kennt eine explizite Bekenntnisbindung), sondern als sachgemäßer Ausdruck des biblischen Evangeliums. Unerwähnt bleibt auffälligerweise ein spezifisches Amt der öffentlichen Evangeliumsverkündigung und Sakramentsverwaltung im Sinne von CA 14.

CA 7 nennt als Kriterium für kirchliche Verbundenheit (»Einigkeit«) auch den Konsens über die einsetzungsgemäße Darreichung der Sakramente. Entsprechend unterstreicht die VEF auch ihre grundsätzliche Übereinstimmung mit dem in der LK artikulierten Sakramentsverständnis. Dies gilt auch für die Taufe. Das ist umso bemerkenswerter, als ja mehrere Mitglieder der VEF ausschließlich die Mündigentaufe praktizieren und die Säuglingstaufe ablehnen. Die VEF interpretiert dies aber nicht als Ausdruck

[4] Evangelisch sein. Stellungnahme der Vereinigung evangelischer Freikirchen (VEF) anhand der Leuenberger Konkordie (LK). Verabschiedet auf der VEF-Mitgliederversammlung, Kassel, 12. 4. 2011, https://www.vef.de/media/pages/erklarungen/5a314aae74-1659444697/evangelisch-sein-stellungnahme-der-vef-zur-leuenberger-konkordie.pdf (abgerufen am 10. 07. 2024).

eines unterschiedlichen Taufverständnisses, sondern als Unterschied in der Anwendung eines gemeinsamen Taufverständnisses. Dass hier theologischer Klärungsbedarf besteht, wird nicht geleugnet. Er bezieht sich, so die VEF, aber nicht auf das Taufverständnis selbst, sondern auf Ekklesiologie und Glaubenskonstitution. Im Übrigen wird darauf hingewiesen, dass die Praxis der Säuglingstaufe auch innerhalb der VEF unterschiedlich beurteilt und gehandhabt wird, ohne dass das die Verbundenheit in der VEF tangiert. Hier zeigt sich ein im Vergleich zu EKD bzw. GEKE charakteristisch unterschiedenes ekklesiologisches Selbstverständnis der VEF, das möglicherweise eine größere Disparatheit in Lehre und Praxis erlaubt als das Modell von Leuenberg.[5] Aus der Perspektive der EKD ist umgekehrt natürlich nicht die Praxis der Mündigentaufe selbst bedenklich, sondern nur die fehlende Anerkennung der Säuglingstaufe namentlich beim Übertritt in eine Kirche, die ausschließlich die Mündigentaufe praktiziert. Im Dialog der VELKD mit den Baptisten verhindert einzig diese Frage die Erklärung voller Kirchengemeinschaft.

Beim Abendmahl sind die klärungsbedürftigen Punkte weniger offensichtlich. Die VEF teilt das Abendmahlsverständnis der LK. Nicht behandelt wird allerdings die Frage der »Leitung« der Abendmahlsfeier. Sie ist im VEF-Kontext offenbar wenig gravierend (was auch mit den teilweise sehr diversen Ämterstrukturen in den VEF-Kirchen zusammenhängen dürfte). Im lutherisch/römisch-katholischen Dialog spielt sie aber eine große (m. E. allzu große) Rolle. Dort legen die Lutheraner in der Regel starkes Gewicht auf die Versicherung, in lutherischen Kirchen dürften nur Ordinierte (bzw. »ordnungsgemäß Berufene«) Abendmahlsfeiern leiten. Im Dialog mit anderen Kirchen haben sie freilich die konkrete Ausgestaltung geistlicher Amtsstrukturen m. W. nie zur Bedingung von kirchlicher Gemeinschaft gemacht. Was die »Zulassung« zum Abendmahl betrifft,

5 Ob die VEF überhaupt ein ekklesiologisches Selbstverständnis hat bzw. ob man aus ihrer Satzung ein solches (re-)konstruieren kann, wird unter Theologen aus VEF-Mitgliedskirchen kontrovers diskutiert. Vgl. Klaus Peter Voß, Die Vereinigung Evangelischer Freikirchen auf dem Weg zur Kirchengemeinschaft? Perspektivische Anmerkungen zur neuen Präambel der VEF, in: ÖR 1/2000, 79–92, und ders., Gibt es eine freikirchliche Ekklesiologie? Eine Spurensuche anhand der Präambel der Vereinigung evangelischer Freikirchen, ThGespr 3/2006, 91–104; Markus Iff, Unbrauchbar und unverzichtbar? Zur bleibenden Bedeutung des Begriffs »Freikirche« im deutschsprachigen Raum, MdKI 72,1 (2021), 18–26, besonders 20f. Dagegen Karl Heinz Voigt, Freikirche – Anmerkungen zu einem konfessionskundlich komplizierten Begriff, MdKI 73,4 (2022), 182–187.

praktizieren sowohl die EKD- als auch die VEF-Kirchen das »offene Abendmahl«, d. h., sie beschränken die Teilnahme nicht auf die eingeschriebenen Mitglieder der jeweiligen Kirche, sondern laden alle ein, die sich von Christus einladen lassen (und denen deshalb unterstellt wird, dass sie das Abendmahlsverständnis teilen). Strittig könnte nur sein, dass einige VEF-Kirchen die Taufe nicht zur Teilnahmevoraussetzung machen (zumal wenn in Kirchen, die allein die Mündigentaufe praktizieren, auch Jugendliche zugelassen werden). Das wird derzeit jedoch auch in EKD-Landeskirchen ernsthaft diskutiert, da bei nachlassender Tauffrequenz immer häufiger Menschen die Gottesdienste besuchen, die glauben (und womöglich auch auf die Gegenwart des sich schenkenden Christus im Abendmahl vertrauen), ohne getauft zu sein. Soll man sie abweisen bzw. genauer: auf den erforderlichen ›Umweg‹ über die Taufe verweisen – oder nicht umgekehrt auf den verkündigend-missionarischen Charakter des Abendmahls vertrauen, in der Hoffnung, dass dies die davon Angesprochenen aus sich heraus längerfristig zum Taufbegehren führen wird? Ein grundsätzlicher Dissens zwischen EKD und VEF wird an dieser Stelle also kaum zu konstatieren sein.

4. »Predigtgemeinschaft« – Was ist das?

Die VEF kann sich theologisch also gut im von der LK formulierten differenzierten Konsens über das Evangeliumsverständnis und die Beschreibung der Sakramente wiederfinden. Sie benennt zwar eigene Akzente; aber das ist ja in der LK ausdrücklich vorgesehen: Diese macht als Bedingung für Kirchengemeinschaft nur geltend, dass die konfessionsspezifischen Ausprägungen in Lehre und Praxis als legitim und nicht (oder: nicht mehr) als kirchentrennend beurteilt werden. Dennoch streben EKD und VEF keine Kirchengemeinschaft im Sinne von LK an. Diskutiert wird vielmehr eine »Kanzelgemeinschaft« bzw. – um der Tatsache Rechnung zu tragen, dass in vielen VEF-Kirchen (aber mittlerweile auch in etlichen landeskirchlichen Gemeinden) die gottesdienstliche Verkündigung nicht von einer Kanzel aus vollzogen wird – »Predigtgemeinschaft«. Was ist das – und worin unterscheidet es sich von »Kirchengemeinschaft«?

Dazu muss zunächst geklärt werden, was Kirchengemeinschaft im Sinne von LK und GEKE genau meint. Sie umfasst jedenfalls »Kanzel- und Altargemeinschaft« und schließt die volle wechselseitige Anerkennung des ordinationsgebundenen Amtes ein. D. h.: Mitglieder der beteiligten Konfessionskirchen sind in allen diesen Kirchen zur uneingeschränkten

Teilnahme am gottesdienstlichen Leben einschließlich der Sakramente eingeladen. Unproblematisch ist auch die sog. »Möbelwagenkonversion«, d. h. der stillschweigende Konfessionswechsel beim Umzug in eine Region, in der die evangelische Landeskirche einen anderen Bekenntnisstand hat als die der Herkunftsregion. Beim Umzug aus Augsburg nach Frankfurt etwa würde ich automatisch vom Lutheraner zum Unierten mutieren. Entsprechendes gilt auf der Ebene des ordinationsgebundenen Amtes: »Ordentlich berufene« Geistliche aus den Signatarkirchen sind unabhängig von ihrem Bekenntnisstand grundsätzlich berechtigt, in allen beteiligten Kirchen die Funktionen des ordinationsgebundenen Amtes auszuüben, namentlich Gottesdienste zu leiten und die Sakramente zu spenden; »Interzelebration« wird sogar von der LK selbst explizit erwähnt (LK 33). Deshalb ist es grundsätzlich auch möglich, dass Geistliche aus einer Konfessionskirche in ein Dienst- bzw. Anstellungsverhältnis in einer anderen Konfessionskirche wechseln.

Wichtig ist: Die LK ist kein (oder: nicht zwangsläufig ein) Unionsprogramm. Sie respektiert unterschiedliche Bekenntnisstände. Sie verlangt nicht, die Kirchengemeinschaft als organisatorische Verschmelzung zu gestalten. Sie verbietet das allerdings auch nicht: Organisatorische Vereinigung ist ein mögliches, aber nicht das einzige und auch nicht das prioritäre Modell der Kirchengemeinschaft. Leuenberg ist hier sehr flexibel und erlaubt ein breites Spektrum in der organisatorischen Umsetzung der bestehenden vollen Kirchengemeinschaft.

Was davon ›passt‹ für die Beziehungen zwischen EKD bzw. GEKE und VEF – und was nicht?

Die zuletzt genannte Flexibilität der organisatorischen Ausgestaltung ist gewiss ein großer Vorzug des Leuenberger Modells. Sie verhindert (oder jedenfalls behindert) hegemoniale Dynamiken der Nivellierung konfessioneller Traditionen und erlaubt innerhalb der Kirchengemeinschaft den beteiligten Kirchen ein hohes Maß an Selbstbestimmung und Selbststeuerung.[6] Dies ist wichtig gerade bei Asymmetrien der Größe und Ressourcenausstattung. Hier wäre Leuenberg für die VEF-Kirchen wohl kein Problem.

Das Stichwort »Möbelwagenkonversion« macht aber auf einen elementaren Unterschied zwischen den EKD-Kirchen und den VEF-Kirchen aufmerksam: Die einen sind Landeskirchen mit dem trotz Mitglieder-

6 Dazu gehört natürlich auch – um es zu wiederholen – die Selbstauflösung, sprich: die Integration in eine größere Einheit, etwa eine Unionskirche.

schwund weiterhin bestehenden Anspruch, Volkskirche zu sein. Die anderen sind hingegen Freikirchen; die Mitgliedschaft hängt an aktiver Entscheidung, nicht an der räumlichen Zugehörigkeit zu einer Parochie. Ein Mitglied einer, sagen wir: baptistischen Gemeinde, das von Augsburg nach Frankfurt umzieht, würde sich dort vermutlich eine baptistische Gemeinde suchen – oder, wenn er oder sie in Frankfurt sich einer anderen Konfession zuwendet, wäre es kein Möbelwagen-Automatismus, sondern wiederum eine aktive Entscheidung.

Die sehr unterschiedliche Struktur von Landes- und Freikirche tangiert auch die Dienstverhältnisse offiziell berufener Geistlicher. Ein Wechsel ist auch deshalb nicht einfach möglich, weil die Zugangsvoraussetzungen und die berufsqualifizierenden Ausbildungsgänge z. T. in Landes- und Freikirchen recht unterschiedlich sind, während sie zwischen den Landeskirchen unabhängig vom Bekenntnisstand weitgehend angeglichen sind. Die EKD hat auch ein flächendeckend einheitliches Pfarrdienstrecht etabliert.

Wenn Leuenberg die uneingeschränkte Äquivalenz der Amtsvollzüge auch im Blick auf die Sakramente konstatiert, dann ist dies wegen der genannten Differenzen namentlich in der Taufpraxis nicht einfach auf die Beziehungen zwischen EKD- und VEF-Kirchen zu übertragen. Ein Pfarrer, der sich weigert, Säuglingstaufen vorzunehmen, könnte in einer Landeskirche ebenso wenig arbeiten wie eine Pfarrerin, die auf Säuglingstaufen besteht, in einer baptistischen Gemeinde.

Ungeachtet des fundamentalen theologischen Konsenses ist es daher sachgemäß, für die Beziehungen zwischen EKD und VEF nicht einfach das EKD-Modell unmodifiziert abzubilden. Was meint dann aber »Kanzelgemeinschaft« oder »Predigtgemeinschaft«?

Nicht ganz unproblematisch finde ich, dass der Ausdruck »Kanzelgemeinschaft« geeignet ist, den Anschein des Reduzierten zu erwecken, weil man sofort »Kanzel- und Altargemeinschaft« assoziiert und also im Rückschluss etwas Fehlendes gegenüber einer ›Vollform‹ konnotiert (»nur« Kanzelgemeinschaft). Auch theologisch ist zu fragen, ob es einen Konsens im Verständnis des Evangeliums geben kann, der nicht das Sakramentsverständnis einschließt. Das »und« in CA 7 ist kein additives, da das Sakramentsverständnis ja im Evangeliumsverständnis gründet und in ihm eingeschlossen ist. Die VEF sieht das offensichtlich genauso, wenn sie in ihrer Stellungnahme zur LK den Ausführungen zur Sakramentenlehre ausdrücklich zustimmt.

Die Ausklammerung der Sakramente wäre dann nicht grundsätzlich, sondern im Fall der Taufe den noch ungeklärten Fragen der Tauf-*Praxis* geschuldet. Der Verzicht auf Altargemeinschaft hingegen, d. h. genauer:

auf die gemeinsame Feier des Abendmahls bzw. die Leitung der Abendmahlsfeier durch beauftragte Geistliche des je anderen Kirchenverbundes, wäre schwerer zu begründen. Zu erwägen wäre allenfalls, ob sich in der Abendmahlsfeier nicht der ekklesiale Charakter des Gemeinde-Seins intensiver konkretisiert, so dass für die liturgische Gestaltung die konfessionelle Prägung größeres Gewicht erhält. Wenn aber der/die VEF-Geistliche bzw. die VEF-Mitgliedskirche, die er oder sie repräsentiert, das Abendmahlsverständnis der EKD-Kirche teilt, bzw. umgekehrt der oder die EKD-Geistliche das Abendmahlsverständnis einer VEF-Kirche, dann spricht zumindest nichts Grundsätzliches dagegen, dass er oder sie auch eine Abendmahlsfeier leitet, gemäß der für die feiernde Kirche geltenden Liturgie. Jedenfalls sollte der Eindruck vermieden werden, Sakramentsgemeinschaft sei eine Steigerungsform von Predigtgemeinschaft und müsse deshalb an höhere Bedingungen geknüpft werden.

Nicht ganz klar ist mir an den bisherigen Überlegungen der Arbeitsgruppe generell, ob nur an die wechselseitige Einladung zum Predigen in einem von einem bzw. einer Geistlichen der einladenden Kirche geleiteten Gottesdienst gedacht ist, oder auch an die Einladung zur Leitung eines ganzen Gottesdienstes. Bei einem Grundkonsens im Evangeliumsverständnis hat die Einladung zum gastweisen Predigen fast etwas Undramatisches. Gewiss ist das *publice docere*, die öffentliche Verkündigung, in lutherischen Kirchen in der Regel gebunden an eine offizielle Berufung, v. a. die Ordination. Aber das in der Taufe gegründete »allgemeine Priestertum aller Gläubigen« lässt es doch in der Verantwortung der Gemeinde bzw. des oder der Geistlichen mit Kanzelrecht, nicht ordinierte Gläubige zum Predigen einzuladen. Dies gilt auch für Christenmenschen aus anderen Konfessionen; in ökumenischen Gottesdiensten ist dies regelmäßig der Fall (und die in der römisch-katholischen Kirche gängige Unterscheidung zwischen »eigentlichen« Messgottesdiensten und ökumenischen Gottesdiensten geringerer Valenz, die einhergeht mit einer Unterscheidung zwischen Predigt und »Ansprache«, ist unter evangelischen Bedingungen nicht anwendbar – warum sollte ein ökumenischer Gottesdienst kein Gottesdienst im Vollsinn sein, wenn Gottesdienst als Verkündigungsgeschehen und Dank-, Lob- und Bittfeier zu verstehen ist?). Dafür ist auch keine volle Kirchengemeinschaft nötig; denn sonst dürfte man keine Katholiken einladen.

Die offizielle Vereinbarung einer »Kanzel- bzw. Predigtgemeinschaft« hätte allerdings zur Folge, dass die Einladung gleichsam pauschal ausgesprochen wird und nicht mehr ausschließlich von Einzelfallentscheidungen abhängt. Die beteiligten Kirchen gewähren einander dann nämlich den

Vertrauensvorschuss, dass die von ihnen jeweils zur öffentlichen Verkündigung ausgewählten, ausgebildeten und berufenen Personen grundsätzlich auch in den anderen Kirchen zu solcher Verkündigung befähigt sind. Wegen dieser pauschalen Unterstellung ist es im Übrigen sinnvoll, den Personenkreis auf die in den beteiligten Kirchen »ordnungsgemäß Berufenen« zu beschränken. Das impliziert natürlich keinen Rechtsanspruch der Geistlichen einer Konfession, in einer anderen Konfession predigen zu dürfen. Und es schließt auf Seiten des oder der Eingeladenen den Takt ein, in der Verkündigung auf Publikumsbeschimpfung zu verzichten, d.h. vom Verbindend-Gemeinsamen auszugehen und das Trennende – nicht notwendigerweise zu verschweigen, wohl aber – im Licht des Verbindenden anzusprechen. Um beim Beispiel zu bleiben: Unerträglich wäre ein Lutheraner, der die Gelegenheit nutzt, den Baptisten die Segnungen der Säuglingstaufe anzupreisen, ebenso wie die Baptistin, die den Lutheranern eben diese auszutreiben versucht.

Eine solche »Predigtgemeinschaft« schließt die Anerkennung ein, dass die Amtsträgerinnen und Amtsträger der jeweils anderen Kirchen *»rite vocati* bzw. *vocatae«* sind. Das heißt zunächst einmal nur, dass die Berufungen der je anderen Kirchen als gültig respektiert werden. Nicht notwendig folgt daraus, dass diese Berufungen auch in jeder Hinsicht den Kriterien der eigenen Kirche entsprechen. Für punktuelle Einladungen kann diese Unterscheidung vernachlässigt werden. Für weitere Schritte – etwa in Richtung auf die volle »interchangeability« der Ämter – müsste jedoch die Vergleichbarkeit der Auswahl und Ausbildung der Geistlichen untersucht werden. Hier ist ja manches im Fluss: Die Freikirchen haben ihre Ausbildungsgänge zunehmend akademisiert und sich dafür auch den mühsamen Akkreditierungsprozessen ausgesetzt – ohne allerdings die spezifische geistliche Prägung ihrer jeweiligen Hochschulen aufzugeben. Und in den Landeskirchen wird über eine – vorsichtig gesagt – stärkere Transparenz der akademischen Ausbildung hin auf die kirchliche Praxis und ihre geistliche Dimension im Horizont eines profilierten Protestantismus nachgedacht. Auch scheint angesichts zunehmenden Nachwuchsmangels die Anerkennungspraxis für Seiteneinsteigerinnen und -einsteiger großzügiger geworden zu sein. Dies könnte längerfristig dafür sprechen, die Übernahme von Geistlichen der je anderen Konfession in ein Dienstverhältnis jedenfalls zu erleichtern. Die Frage ist allerdings: Will man das? Und soll man das wollen? Die Gefahr ist nicht ganz von der Hand zu weisen, dass die Landeskirchen in ihrer Personalnot dann ihre wohl immer noch größere ökonomische Potenz dazu ausnutzen könnten, einen Abwerbungssog aus den Freikirchen zu erzeugen. Doch auch abgesehen davon gibt es gute Gründe, bei allem Konsens die Ausbildungsgänge und auch das Berufungs- und Berufsprofil von Geistlichen in der geschichtlich gewachsenen Diversität zu erhalten, statt eine vollständige »Austauschbarkeit« anzustreben.

Dies führt mich zu meinen abschließenden Überlegungen. Wie soll es weitergehen?

5. Entwicklungsperspektiven: Wohin soll der Weg gehen?

Ökumenische Beziehungen entspringen aus Erfahrungen der Vertrautheit im Anderssein und erzeugen, daran anknüpfend, neue, im Idealfall wachsende Vertrautheitserfahrungen. Theologische Lehrdialoge sind Teil dieser Dynamik: Sie setzen bereits bestehende Vertrautheit voraus und fördern diese, indem sie die jeweiligen theologischen Traditionen miteinander ins Gespräch bringen, das Gemeinsame im Unterschiedenen herausarbeiten, aber im bleibend Unterschiedenen auch anregende Kontraste identifizieren, die die je eigene Tradition herausfordern und bereichern (durchaus unter Einschluss von Irritationen). Dass EKD und VEF eine gemeinsame Arbeitsgruppe gebildet haben, die über längere Zeit hinweg Perspektiven und Modelle für die Pflege ihrer Verbundenheit zu entwickeln sucht, ist also selbst schon Ausdruck bereits gewachsener Vertrautheit und ein Moment des Prozesses von deren Vertiefung. Eine spezifische Herausforderung besteht dabei darin, dass – anders als in den bisher auf Leuenberg aufbauenden interkonfessionellen Diskursen – EKD und VEF strukturell recht unterschiedliche Größen darstellen, ja mehr noch: dass die VEF selbst in sich Kirchen vereinigt, die zum Teil jene Lehrdifferenzen reproduzieren, die auch zwischen EKD und VEF diskutiert werden.

Insofern ist es konsequent, dass ich gebeten wurde, in meine Überlegungen ein Dokument einzubeziehen, das aus dem Dialog zweier Kirchenfamilien stammt, die in Deutschland beide der VEF angehören: die Studie »Glaube, der durch die Liebe tätig ist« nämlich, den »Bericht über den internationalen Dialog zwischen dem Baptistischen Weltbund und dem Weltrat Methodistischer Kirchen« aus dem Jahr 2018.[7] Diese um-

[7] Faith Working Through Love. Report of the International Dialogue between the Baptist World Alliance and the World Methodist Council, 2018, online: https://www.baptistworld.org/wp-content/uploads/dialogues/Final-Report-of-the-International-Dialogue-between-BWA-and-WMC.pdf (abgerufen am 10.07.2024). Ich zitiere nach der deutschen Übersetzung: Glaube, der durch die Liebe tätig ist. Bericht

fangreiche, auch inhaltlich gewichtige Studie kann und will ich natürlich am Ende dieses Beitrags nicht in Extenso vorstellen. Ich mache nur auf ein paar Beobachtungen aufmerksam, die auch für den weiteren Fortgang des EKD-VEF-Dialogs hilfreich sein könnten:

- Die Studie erzählt gleichsam sich selbst. D. h.: Sie thematisiert ihre Entstehung und ihren Verlauf selbst als Teil der Geschichte des Vertrautheitsgewinns zwischen den beiden Konfessionen (vgl. 404–406).
- Diese Konfessionen erzählen einander ihre Geschichte und machen einander mit ihrem geschichtlich gewachsenen Selbstverständnis und Selbstbild vertraut (vgl. 406–411 – Baptisten – und 411–415 – Methodisten; vgl. 414–418 die auswertenden »Beobachtungen, Überlegungen, Herausforderungen«). Sie ermöglichen es damit, Gemeinsames im historisch Unterschiedlichen zu entdecken.
- In der gewachsenen Vertrautheit entfalten sie die elementaren Glaubensüberzeugungen gemeinsam (vgl. 418–442).
- Indem sie ihre Beziehungen in den Rahmen der gemeinsamen Sendung in die Welt stellen (vgl. 442–446), bleibt die Entfaltung der gemeinsamen Überzeugungen kein Selbstzweck.
- In der gewachsenen Vertrautheit können sie Trennendes offen ansprechen, aber zugleich fragen, ob sich im Licht der Verbundenheit nicht auch neue Perspektiven für das Strittige zeigen.
- Als neuralgischen Punkt identifizieren sie – wenig überraschend – die Taufpraxis (vgl. 428–439). Hier wird nicht eine Angleichung in der einen oder der anderen Richtung vorgeschlagen; beide Kirchen sollen bei ihrer bewährten (und u. U. identitätsprägenden) Praxis bleiben (können). Allerdings wird eine selbstkritische Überprüfung einer vielleicht allzu selbstverständlich gewordenen Positionierung anhand des biblischen Zeugnisses angemahnt (vgl. 447). Die Studie diskutiert sogar selbst den Vorschlag, die Taufe in den weiteren Zusammenhang der christlichen Initiation zu stellen, in der sie bei den Baptisten an anderer biographischer Stelle zum Tragen kommt als bei den Methodisten; dies müsste dann nicht mehr kirchentrennend sein (vgl. 429–434 und 447 f.). Einen ganz ähnlichen Vorschlag hat

über den internationalen Dialog zwischen dem Baptistischen Weltbund und dem Weltrat Methodistischer Kirchen, in: Johannes Oeldemann u. a. (Hrsg.): Dokumente wachsender Übereinstimmung 5, Paderborn/Leipzig 2021, 401–450.

im Übrigen eine baptistisch-lutherische Arbeitsgruppe in Bayern vorgetragen (BALUBAG). Er wurde durchaus als weiterführend gewürdigt. Allerdings kann er nicht alle Problemknoten lösen. Ungeklärt blieb namentlich die Frage des Umgangs mit als Säugling getauften Lutheranern, die in eine baptistische Gemeinde übertreten (und ggf. sogar getauft werden *wollen*). Das wird zwischen Methodisten und Baptisten nicht viel anders sein.

Diese wenigen Andeutungen müssen für heute genügen. Das Anregungspotential der methodistisch-baptistischen Studie ist hoffentlich deutlich geworden. Die Diskurskonstellation des Dialogs von EKD und VEF ist allerdings komplexer als die zwischen Baptisten und Methodisten; denn es ist kein bilateraler, sondern ein mehr oder weniger verdeckt multilateraler Dialog, vor allem, aber nicht nur auf Seiten der VEF – auch die EKD ist ja keine nivellierte Einheitskirche (obwohl man manchmal den Eindruck hat, sie wäre es gern). Umso wichtiger (und vielleicht auch aufwändiger) ist die Aufgabe, auf der Basis der entstandenen Vertrautheit neue, vertiefte Vertrautheitserfahrungen zu kreieren, die die Vielfalt gerade nicht verschleifen, sondern sie zu respektieren und zu würdigen erlauben. Zu bedenken sind dabei die Unterschiede in Strukturen und institutionellen Kräfteverhältnissen zwischen Landes- und Freikirchen, die durch ihr bloßes Bestehen hegemoniale Effekte zu erzeugen vermögen; dies müssen namentlich die strukturell Stärkeren sich immer wieder bewusst machen. Es geht um Orte und Gelegenheiten zum Kennenlernen, zum gemeinsamen Feiern und Welthandeln, zum Geschichten-Erzählen. Dass in diesem Horizont die wechselseitige Einladung zum Verkündigungsdienst ein signifikantes, inspirierendes und ausstrahlendes Moment sein kann, bedarf eigentlich kaum der Begründung.

Predigtgemeinschaft zwischen der EKD und der VEF

Systematisch-theologische Reflexion und Einordnung

Markus Iff

Die Erklärung der Evangelischen Kirche in Deutschland (EKD) und der Vereinigung Evangelischer Freikirchen (VEF) zur Predigtgemeinschaft ist ein beachtenswerter Schritt und ein Zeichen innerprotestantischer Ökumene.[1]

Das Ereignis einer öffentlichen Unterzeichnung verleiht der Erklärung Gewicht. Offizielle Lehrgespräche zwischen EKD und VEF zum Thema Verkündigungs- und Kanzelgemeinschaft sind der Erklärung nicht vorausgegangen. Auch aus diesen Gründen erscheint eine weitergehende theologische und ökumenische Reflexion angemessen, worum es sich bei dem ökumenischen Format oder Modell »Predigtgemeinschaft« genau handelt, was die theologischen Grundlagen sind, welchen Dynamiken sich das Format verdankt, worin neuralgische Punkte liegen und welche Perspektiven sich abzeichnen.

Dazu will die folgende systematisch-theologische Reflexion und Einordnung einen Beitrag leisten.

1. Ausgangslage und Genese der Erklärung

Die EKD und die VEF sind Bünde bzw. Vereinigungen protestantischer Kirchen.[2] Die EKD besteht aus 20 lutherischen, unierten und reformierten Landeskirchen, die ungeachtet ihres unterschiedlichen Bekenntnisstandes uneingeschränkte Kanzel- und Abendmahlsgemeinschaft haben. Bei aller

[1] Rat der EKD und Vorstand der VEF, Erklärung der Evangelischen Kirche in Deutschland (EKD) und der Vereinigung Evangelischer Freikirchen (VEF) zur Predigtgemeinschaft, Hannover 2024.

konfessionellen und konfessionskulturellen Vielfalt und regionalen Diversität sind die Landeskirchen durch den Anspruch volkskirchlicher Breite der Strukturen christlichen Lebens untereinander verbunden. Sie sind allesamt Mitgliedskirchen der Gemeinschaft Evangelischer Kirchen in Europa (GEKE).[3] Zur EKD zählen Ende 2023 18,6 Millionen Menschen.[4]

Die derzeit 15 Kirchen und Gemeindebünde der VEF (13 Mitglieds- und 2 Gastkirchen) sind mit ihren 280.000 Mitgliedern in Deutschland demgegenüber eine überschaubare Größe religiöser Sozialgestalt und gehören im deutschsprachigen Raum zu den Minderheitenkirchen.[5] Sie teilen ein theologisches Selbstverständnis, das in der Satzung der VEF unter der Überschrift: »Was uns verbindet« beschrieben wird. Es bildet den Grundkonsens aller Kirchen und Gemeindebünde der VEF.[6] Der eröffnende Satz hebt hervor, dass sich die VEF als »Gemeinschaft evangelischer Gemeindebünde und Kirchen« versteht, die »durch den Herrn Jesus Christus untereinander verbunden sind«.[7] Ihre reformatorische Verwurzelung beschreiben sie mit den Worten: »Mit allen Kirchen der Reformation bezeugen sie [die Kirchen der VEF, M. I.] die Errettung der Sünder um Jesu Christi willen aus Gottes freier Gnade allein durch den Glauben.«[8] Das Adjektiv »evangelisch« hat für die VEF-Kirchen einen konkreten und qualifizierten Wert.[9] Sie haben sehr unterschiedliche Traditionshintergründe,

2 Ulrich Körtner, Ökumenische Kirchenkunde. Lehrwerk Evangelische Theologie (LETh) 9, Leipzig 2018, VIIIf.

3 https://www.ekd.de/Evangelische-Kirche-in-Deutschland-10771.htm (Stand: 10.07.2024). Zur GEKE siehe: https://www.leuenberg.eu/about-us/ (Stand: 10.07.2024).

4 Quelle: https://www.ekd.de/statistik-kirchenmitglieder-17279.htm (Stand: 10.07.2024).

5 Zu Geschichte und Gegenwart der VEF siehe: https://www.vef.de (Stand: 10.07.2024).

6 Zum theologischen Selbstverständnis als Grundlage für die VEF als Kirchengemeinschaft vgl. Klaus Peter Voß, Die Vereinigung Evangelischer Freikirchen auf dem Weg zur Kirchengemeinschaft? Perspektivische Anmerkungen zur neuen Präambel der VEF, in: ÖR 1/2000, 79–92 (zuvor erschienen in: Freikirchenforschung [FF] 1999, 188–205); vgl. auch ders., Gibt es eine freikirchliche Ekklesiologie? Eine Spurensuche anhand der Präambel der Vereinigung Evangelischer Freikirchen, in: ThGespr 3/2006, 91–104.

7 https://www.vef.de/wir-uber-uns/satzung (Stand: 15.07.2024).

8 Ebd.

9 Zu den gemeinsamen reformatorischen Grundlagen der evangelischen Freikirchen vgl. u. a. Karl Heinz Voigt, Freikirchen in Deutschland (19. und 20. Jahrhundert), KGE III/6, Leipzig 2004, 51f.

betonen aber gemeinsam die freie Verantwortung eines Christenmenschen für seine Glaubensexistenz am jeweiligen Ort der weltweiten Christenheit, d. h. in der konkreten Einzelgemeinde. Diese ist Primär- und Elementargestalt von Kirche.[10]

Die Kirchen und Gemeindebünde der VEF sind theologisch-ekklesiologisch und auch hinsichtlich der Organisationsformen pluriformer als die EKD-Kirchen.[11] Ihre Verschiedenheiten schließen einige für das Verständnis von Kirche relevante und markante Punkte mit ein. So wird beispielsweise innerhalb der VEF die Praxis der Säuglingstaufe unterschiedlich beurteilt und gehandhabt, ohne dass das die Verbundenheit der Kirchen in Frage stellt. Auch die Ämter- und Kirchenstrukturen der VEF-Kirchen sind divers. Neben kongregational verfassten Gemeindebünden wie beispielsweise dem Bund Evangelisch-Freikirchlicher Gemeinden (BEFG), dem Bund Freier evangelischer Gemeinden (BFeG) oder dem Bund Freikirchlicher Pfingstgemeinden (BFP), gibt es mit der Evangelisch-methodistischen Kirche eine konnexional verfasste Kirche.[12]

Aus dieser Ausgangslage ergibt sich, dass Begegnungen, Zusammenarbeit und Dialoge zwischen Kirchen der EKD und der VEF auf überregionaler und lokaler Ebene multilaterale Settings voraussetzen. Diese sind zudem dadurch geprägt, dass es zwischen EKD und einzelnen VEF-Kirchen bilaterale Verbindungen und Vereinigungen gibt. So steht beispielsweise die Evangelisch-methodistische Kirche (EmK) in voller Kirchengemeinschaft mit der EKD.[13] Die Herrnhuter Brüdergemeine (BU) ist assoziiertes Mitglied der EKD. Beide Freikirchen sind auch Mitglieder der GEKE. Der Bund Evangelisch-Freikirchlicher Gemeinden (BEFG) wiederum hat nach einem Lehrgespräch mit der Vereinigten Evangelisch-Lutherischen Kirche Deutschlands (VELKD) ein gemeinsames Verständnis von Kirchengemein-

10 Die Ausrichtung auf die konkrete Ortsgemeinde hat für alle VEF-Kirchen und -Gemeindebünde ein besonderes Gewicht. Dabei wird allerdings je nach Tradition die Einbettung und Einordnung in den größeren Zusammenhang der übergreifenden kirchlichen Gemeinschaft unterschiedlich gewichtet. Vgl. dazu Voß, Vereinigung (s. Anm. 6), 37.

11 Voß, Ekklesiologie (s. Anm. 6), 27 f.

12 Zu verschiedenen »Freikirchen-Typen« vgl. Voigt, Freikirchen (s. Anm. 9), 34–38. Voigt unterscheidet vier Modelle: täuferisch-kongregational-independentes Modell, evangelisch-methodistisches Modell, konfessionell-reformatorisches und pfingstlerisch-charismatisches Modell.

13 https://www.emk.de/fileadmin/presse/verlautbarungen/Handreichung-EmK-EKD.pdf (Stand: 10. 07. 2024).

schaft als »Kirchengemeinschaft auf dem Weg«[14] vereinbart. Diese bilateralen Vereinbarungen und Erklärungen zur Kirchengemeinschaft zwischen Kirchen der VEF und Kirchen der EKD und der VELKD stützen eine Erklärung zur Predigtgemeinschaft zwischen EKD und VEF strukturell und inhaltlich ab und fördern ihre Rezeption.

Die Genese der Erklärung zur Predigtgemeinschaft ist durch verschiedene Entwicklungen und Dynamiken geprägt. Seit über drei Jahrzehnten pflegen EKD und VEF Kontaktgespräche und arbeiten in bundesweiten evangelischen Organisationen (u. a. Deutsche Bibelgesellschaft, Evangelisches Werk für Diakonie und Entwicklung, Arbeitsgemeinschaft der Evangelischen Jugend, Gemeinschaftswerk der Evangelischen Publizistik) zusammen. Die Zusammenarbeit in kirchlichen Handlungsfeldern fördert das Vertrauen, die verbindende Gemeinschaft des Glaubens an Jesus Christus und die gemeinsame Sendung zur Bezeugung des Evangeliums in Wort und Tat wahrzunehmen im Horizont einer voranschreitenden religiös-weltanschaulichen Pluralisierung. Diese führt dazu, dass Christsein immer weniger Gewohnheit und immer stärker Ergebnis einer Entscheidung und bewusstes Bekenntnis ist. Zugleich werden die Unterschiede zwischen den Konfessionen immer weniger verstanden und die christlichen Kirchen als Einheit wahrgenommen.

Zur Genese der Erklärung hat auch eine gemeinsame Tagung von EKD und VEF im Jahr 2019 beigetragen, bei der »Neue Perspektiven auf die Taufe« geteilt und in ihrer Bedeutung für die innerprotestantische Ökumene zwischen EKD und VEF bedacht wurden.[15] In den beiden Formen der Mündigen- bzw. Unmündigentaufe ist die Taufe als Kristallisationspunkt der freikirchlichen Glaubensentscheidung wie als Säule der säuglingstaufenden Volkskirche auf den ersten Blick eine Trennlinie zwischen beiden Kirchenbünden. Dass diese Optik voreilig ist, zeigt aber schon die Tatsache, dass einige Kirchen beide Taufformen praktizieren. Über Jahrzehnte und Jahrhunderte war das praktische Verhältnis von Landes- und Freikirchen von Auseinandersetzungen und wechselseitigen Verwerfungen um das Taufthema bestimmt, wobei die Zahlen- und Strukturverhältnisse die Freikirchen oft in eine defensive Position drängten.

[14] Kirchengemeinschaft auf dem Weg. Abschlussdokument zu dem Lehrgespräch zwischen der Vereinigten Evangelisch-Lutherischen Kirche Deutschlands (VELKD) und dem Bund Evangelisch-Freikirchlicher Gemeinden in Deutschland – Baptisten (BEFG) in den Jahren 2017–2023. Texte aus der VELKD 194, Hannover 2023.

[15] https://www.ekd.de/ekd_de/ds_doc/Neue_Perspektiven_auf_die_Taufe_epd_doku_202.pdf.

In den Beiträgen der Tagung spiegelt sich der Reichtum der theologischen, spirituellen und gemeindlichen Erfahrungen zur Taufe, die in VEF und EKD versammelt sind und geteilt werden können. Ohne Systematisierungsdruck werden drei Zusammenhänge des Taufthemas benannt, die Anhaltspunkte einer wachsenden Verständigung über die Taufe zwischen Landes- und Freikirchen sind. Tauftheologie und Taufpraxis werden in den glaubensbiographischen Kontext eingebettet, auf ihre kirchlichen Konsequenzen hin angesehen und in ihren jeweiligen hermeneutischen Voraussetzungen bedacht. In dieser Optik können die weiterhin bestehenden Differenzen in Tauftheologie und der damit verbundenen Taufpraxis respektiert werden.[16]

Ausgangslage und Genese der Erklärung zeigen, dass sich die EKD- und VEF-Kirchen trotz der Konfliktgeschichte, der Unterschiede in ekklesiologischen Fragen (Glaubenskonstitution, Taufe, Kirchenmitgliedschaft) und der institutionellen Gestaltung des kirchlichen Lebens in einem dynamischen innerprotestantischen Dialog und auf einem gemeinsamen ökumenischen Weg befinden. Einzelne Kirchen und Gemeindebünde der VEF sind mit der EKD oder Kirchen der EKD in Kirchengemeinschaft. Die Erklärung zur Predigtgemeinschaft zwischen EKD und VEF ist in diesem Kontext verwurzelt.

2. Die theologische Grundlage: Das Evangeliumsverständnis der Leuenberger Konkordie

Die Erklärung zur Predigtgemeinschaft nimmt maßgeblich Bezug auf das Evangeliumsverständnis der Leuenberger Konkordie, das als theologische Grundlage für die Predigtgemeinschaft angesehen wird.[17] Hintergrund dafür ist, dass alle Kirchen und Gemeindebünde der VEF 2011 eine gemeinsame Stellungnahme zum Evangeliumsverständnis der Leuenberger Konkordie veröffentlicht haben. Sie trägt den Titel: »Evangelisch sein«[18]. Darin wird ausgeführt und festgehalten, dass alle Kirchen und Gemeindebünde

16 Baptisten und Lutheraner haben sich in dem Dokument »Kirchengemeinschaft auf dem Weg« darauf verständigt, dass die Differenzen im Taufverständnis und der Taufpraxis als Ausdruck von Gemeinschaft in Verschiedenheit interpretiert werden können. Kirchengemeinschaft (s. Anm. 14), 21.

17 Konkordie reformatorischer Kirchen in Europa (Leuenberger Konkordie) 1973, hrsg. v. Michael Bünker / Martin Friedrich, Leipzig 2013.

18 Evangelisch sein. Stellungnahme der Vereinigung Evangelischer Freikirchen (VEF)

der VEF mit dem Evangeliumsverständnis der Leuenberger Konkordie völlig übereinstimmen: »Mit dem Verständnis des Evangeliums, wie es in der LK zum Ausdruck kommt, stimmen alle VEF-Mitgliedskirchen völlig überein. Das heißt zugleich, dass Übereinstimmung mit allen Gliedkirchen der EKD darin besteht, was es heißt, evangelisch zu sein.«[19]

Darauf aufbauend sprechen der Rat der EKD und der Vorstand der VEF dem jeweils anderen Kirchenbund das Vertrauen aus, »dass in ihr bzw. in ihm das Wort Gottes, ›das Evangelium rein gepredigt‹ (CA VII) wird, und bejahen grundsätzlich die Praxis, dass eine in der anderen Kirche bzw. Gemeinde zur Predigt berufene und beauftragte Person im Sinne einer ordnungsgemäßen Berufung (rite vocatus) gastweise in der eigenen Kirche predigt«[20].

Die Erklärung zur Predigtgemeinschaft ist somit einerseits auf dem Evangeliumsverständnis von Leuenberg aufgesetzt, unterscheidet sich andererseits aber auch vom Modell der Leuenberger Kirchengemeinschaft.[21] Einerseits wird ein Konsens im Evangeliumsverständnis erklärt. Dieser Konsens erlaubt und befördert, dass – ungeachtet aller Differenzen – ein wechselseitiges Zutrauen zwischen VEF- und EKD-Kirchen besteht, in der Verkündigung der je anderen das Evangelium von Jesus Christus zu erkennen und daher einander gastweise zur Predigt einzuladen. Andererseits bedarf es zur vollen Kirchengemeinschaft im Sinne der Leuenberger Konkordie auch der Übereinstimmung im Verständnis der Sakramente. In Folge davon gewähren die Kirchen der Leuenberger Kirchengemeinschaft einander Kanzel- und Abendmahlsgemeinschaft, was die gegenseitige Anerkennung der Ordination und die Ermöglichung der Interzelebration einschließt. Das ist im Modell der Predigtgemeinschaft zwischen EKD und VEF nicht intendiert.

Ein genauerer Blick in die zitierte Stellungnahme zeigt, dass die Kirchen und Gemeindebünde der VEF sich insgesamt in dem von der LK formulierten differenzierten Konsens über das Evangeliumsverständnis und

anhand der Leuenberger Konkordie (LK), VEF-Mitgliederversammlung Kassel, 12. April 2011, in: epd-Dokumentation 19/2023, 53–56.

19 A. a. O., 56.

20 Erklärung (s. Anm. 1), Z. 49–53.

21 Zu beachten ist, dass einzelne Kirchen der VEF, die EmK und die Herrnhuter Brüdergemeine (BU) Mitglieder der GEKE sind. Zum Verhältnis der VEF-Kirchen und Gemeindebünde zur Leuenberger Kirchengemeinschaft vgl. Lothar Triebel / Markus Iff, Kirchengemeinschaft und Kirchen in Gemeinschaft – Leuenberg und die sogenannten Freikirchen, in: KuD 69/3, 218–238.

der Beschreibung der Sakramente wiederfinden und einordnen. Die evangelisch-reformatorische Verwurzelung der VEF-Kirchen wird durch die Bejahung des »satis est« von CA VII und die Übereinstimmung mit der LK anhand der vier reformatorischen »Sola« entfaltet. Diesen stellt die VEF ergänzend ein »sola experientia« an die Seite, das unter Verweis auf Luther reformatorisch rückgebunden ist.[22]

Übereinstimmung besteht auch in der Anerkennung der altkirchlichen Symbole und damit im Bekenntnis zur Trinität und zur Gott-Menschheit Jesu Christi. Die VEF-Kirchen erkennen die altkirchlichen Bekenntnisse zwar nicht als formale Autorität an, aber sehr wohl als sachgemäßen Ausdruck des biblischen Evangeliums. Die VEF-Kirchen teilen mit den Signatarkirchen der LK die Überzeugung, gemeinsam gesandt zu sein, das Evangelium von Jesus Christus zu verkündigen und zu bezeugen.

Beachtenswert an der Stellungnahme ist, wie sich die VEF-Kirchen unter Verweis auf CA VII zum Konsens über die einsetzungsgemäße Darreichung der Sakramente in der LK positionieren. Die VEF-Kirchen sehen, dass das Sakramentsverständnis im Evangeliumsverständnis gründet und darin impliziert ist. Sie unterstreichen ihre grundsätzliche Übereinstimmung mit dem in der LK artikulierten Sakramentsverständnis. Dies gilt auch für die Taufe. Der Aussage, dass in der Taufe »Jesus Christus den der Sünde und dem Sterben verfallenen Menschen unwiderruflich in seine Heilsgemeinschaft auf[nimmt] [...]« und »ihn in der Kraft des Heiligen Geistes in seine Gemeinde zu einem Leben aus Glauben, zur täglichen Umkehr und Nachfolge [beruft]« (LK 14), stimmen die VEF-Kirchen zu. Die christozentrische Betonung der Taufe in der LK wird von den Kirchen der VEF geteilt: Jesus Christus ist der Handelnde, der den Täufling in der Taufe zu einem Leben aus dem Glauben beruft. Der Dissens besteht für die täuferischen Kirchen der VEF darin, welche Taufpraxis sich aus diesem Taufverständnis ergibt. Die Gründe für diesen Dissens liegen in der Ekklesiologie und in der Frage der Glaubenskonstitution (wie empfängt und ergreift der Mensch das Heil). Dieser Dissens besteht auch zwischen Kirchen der VEF, ohne dass die Gemeinschaft und wechselseitige Anerkennung, an der einen Kirche Jesu Christi zu partizipieren, dadurch verhindert wäre.[23] Es deutet sich an, dass das ekklesiologische Selbstverständnis der VEF eine größere Disparatheit in Lehre und Praxis der Taufe erlaubt als die Leuenberger Kirchengemeinschaft bzw. die GEKE.

22 Evangelisch sein (s. Anm. 18), 54.

23 Vgl. dazu Triebel / Iff, Kirchengemeinschaft (s. Anm. 21), 232f.

Im Blick auf die Formulierungen der LK zum Abendmahl besteht aus der Sicht der VEF-Kirchen kein Dissens mit den Kirchen der GEKE. Die Signatarkirchen der LK teilen die Überzeugung, dass sich im Abendmahl »der auferstandene Jesus Christus in seinem für alle dahingegebenen Leib und Blut durch sein verheißenes Wort mit Brot und Wein« schenkt – Jesus Christus also Geber und Gabe des Abendmahls ist. Diesem Verständnis und den Formulierungen in LK 15, 16 und 18 zum Abendmahl stimmen alle VEF-Kirchen zu und teilen damit das Abendmahlsverständnis der LK. Was die Zulassung zum Abendmahl betrifft, praktizieren sowohl die EKD- als auch die VEF-Kirchen das »offene Abendmahl«, d. h. sie beschränken die Teilnahme nicht auf die eingeschriebenen Mitglieder der jeweiligen Kirche. Strittig könnte sein, dass einzelne VEF-Kirchen die Taufe nicht zur Voraussetzung der Teilnahme machen. Nicht in den Blick genommen wird zudem die Frage, ob und inwiefern sich in der Abendmahlsfeier der ekklesiale Charakter des Gemeinde-Seins konkretisiert, so dass für die liturgische Gestaltung die konfessionelle Prägung größeres Gewicht erhält. Damit rückt die Frage nach der Leitung der Abendmahlsfeier wie die Frage nach den ordinierten Diensten und Ämtern in den Blick, die in der Stellungnahme keine Rolle spielt. Darin spiegelt sich möglicherweise, dass die Ämterstrukturen in den Kirchen und Gemeindebünden der VEF sehr divers sind.

An dieser Stelle zeigt sich, dass die Grundlage der Erklärung zur Predigtgemeinschaft noch weitergehende Überlegungen benötigt. Denn es wird ja grundsätzlich die Praxis bejaht, dass eine in der anderen Kirche bzw. Gemeinde zur Predigt berufene und beauftragte Person im Sinne einer ordnungsgemäßen Berufung (rite vocatus) gastweise in der eigenen Kirche predigt. D. h. der Zusammenhang von Evangeliumsverständnis und Beauftragung zur Verkündigung des Evangeliums muss in weiteren Gesprächen in den Blick genommen werden.

3. Predigtgemeinschaft – was ist das?

Die Erklärung zur Predigtgemeinschaft ist ein ökumenisches Format oder Modell, das aus Sicht von EKD und VEF passend und zukunftsfähig ist, um die Beziehungen zwischen Gemeinden der beiden Kirchenbünde auf dem derzeitigen Stand zu beschreiben und zu dynamisieren. Das erklärte Format von Gemeinschaft unterscheidet sich von der Kirchengemeinschaft der GEKE und der dort gewährten Kanzel- und Abendmahlsgemeinschaft. Damit trägt das Format dem Sachverhalt Rechnung, dass die Mehrzahl der

VEF-Kirchen nicht Mitglied der GEKE sind und Lehrdifferenzen u.a. in ekklesiologischen Fragen zur Glaubenskonstitution sowie zur Tauftheologie und Taufpraxis bestehen.

Das Format der Predigtgemeinschaft beruht auf dem gemeinsamen Verständnis des Evangeliums, in dem die geistliche Gemeinschaft der EKD- und VEF-Kirchen wurzelt. Es bleibt unbestimmt, wie eng das Evangeliumsverständnis an das Sakramentsverständnis zu koppeln ist und wie der Zusammenhang von Evangeliumsverkündigung und einer Beauftragung/Ordination dazu gesehen wird. Aus Sicht der VEF-Kirchen zeichnet sich in der Beantwortung dieser Fragen eine größere Diversität ab als aus Sicht der EKD-Kirchen bzw. der Kirchen der GEKE. Hier liegen noch einige Problemknoten, die auf dem weiteren gemeinsamen Weg zwischen EKD und VEF zu lösen sind.

Die Erklärung zur Predigtgemeinschaft spricht gleichsam pauschal eine Einladung zum gastweisen Predigen aus, sodass diese Praxis nicht mehr von Einzelfallentscheidungen abhängt. Sie setzt voraus, dass in der Predigt die Predigerin bzw. der Prediger aus einer jeweiligen Kirche der VEF oder EKD das Evangelium rein verkündigt. Diese theologische Grundlage trifft in der Praxis auf unterschiedliche Predigtmentalitäten und Predigtkulturen, die für die Kirchen der EKD und VEF prägend sind und die gleichwohl unter der Verklammerung: »Evangelisch predigen« zu fassen sind, wie ein gemeinsamer Studientag von VEF und EKD zum Thema Predigtgemeinschaft gezeigt hat.[24] Neben unterschiedlichen Predigtmentalitäten[25] ist in den Blick zu nehmen, dass insbesondere die jeweilige Einbettung der Predigt in das gottesdienstliche Geschehen[26] zwischen Kirchen der EKD und der VEF erheblich divergiert. Die Erklärung zur Predigtgemeinschaft nimmt diese Unterschiede wahr, wenn sie einlädt, »in

24 Evangelisch predigen. Gemeinsamer Studientag von Vereinigung Evangelischer Freikirchen (VEF) und Evangelischer Kirche in Deutschland (EKD) zu »Predigtgemeinschaft« in Frankfurt am Main, 20./21. Februar 2023, epd-Dokumentation 19/2023.

25 Der freikirchliche Theologe und Homiletiker Arndt Schnepper zeigt in einem Beitrag zu freikirchlichen Predigtmentalitäten, inwiefern Individualität und Authentizität besondere Merkmale freikirchlicher Predigtkultur sind, die zwar minor differences sind, aber in der Praxis des gastweisen Predigens zwischen Kirchen der VEF und der EKD zu beachten sind. Vgl. ders., Freikirchliche Predigtmentalitäten, in: Evangelisch predigen (s. Anm. 24), 15–22.

26 Vgl. dazu den Beitrag von Sven Brenner, »Eine Predigt aus pentekostaler Perspektive« – spezifische Perspektiven aus pentekostaler Sicht auf die Fragestellung der Verkündigungsgemeinschaft, in: Evangelisch predigen (s. Anm. 24), 23–31.

wechselseitigem Respekt dem noch Unbekannten oder Unvertrauten zu begegnen«[27].

In der Erklärung zur Predigtgemeinschaft wird der Personenkreis in den beteiligten Kirchen auf diejenigen eingeschränkt, die im Sinne einer »ordnungsgemäßen Berufung (rite vocatus)«[28] beauftragt sind. Das schließt wiederum die Anerkennung ein, dass die jeweiligen ordnungsgemäß Berufenen der jeweils anderen Kirchen rite vocati sind; d. h. der Berufungen der je anderen Kirchen entsprechen, die damit als für die jeweiligen Kirchen gültig respektiert werden. Die beteiligten Kirchen gewähren einander den Vertrauensvorschuss, dass die von ihnen jeweils zur öffentlichen Verkündigung ausgewählten, ausgebildeten und berufenen Personen grundsätzlich auch in den anderen Kirchen zu solcher Verkündigung befähigt sind.

Hier ist aus Sicht der VEF zu bedenken, dass die Predigt als Verkündigung des Evangeliums im Gottesdienst in einigen ihrer Kirchen und Gemeindebünde keine Ordination oder ordnungsgemäße Berufung voraussetzt, sondern zunächst nur eine Begabung, die nicht immer mit einer theologischen Qualifikation und öffentlichen Beauftragung bzw. Ordination verbunden ist.

4. Kritische Würdigung und Perspektiven

Die Erklärung der Predigtgemeinschaft zwischen EKD und VEF und die damit verbundene wechselseitige Einladung zum Predigtdienst ist ein Schritt und Zeichen innerprotestantischer Ökumene. Es handelt sich nicht um eine Erklärung zur vollen Kirchengemeinschaft im Sinne der Leuenberger Kirchengemeinschaft, obwohl die Erklärung auf dem Evangeliumsverständnis der Leuenberger Konkordie basiert. Die Erklärung zur Predigtgemeinschaft hat aber dezidiert dynamischen und ökumenischen Charakter und vertieft die Zeugnis- und Dienstgemeinschaft zwischen den Kirchen von EKD und VEF.

Ausgangslage und Genese der Erklärung zur Predigtgemeinschaft zeigen, dass mit EKD und VEF geschichtlich, strukturell und institutionell sehr unterschiedliche Größen bzw. Kirchenbünde in Verbindung miteinander stehen. Bei der VEF handelt es sich im Vergleich zur EKD um ein heterogeneres Gebilde von Kirchen und Gemeindebünden – wobei auch

27 Erklärung (s. Anm. 1), Z. 82f.
28 A. a. O., Z. 52f.

die EKD keine Einheitskirche ist. Die Konstellationen von EKD- und VEF-Kirchen auf überregionaler Ebene wie auf Ebene der Ortsgemeinden beinhalten multilaterale Dialog-Settings und diverse Gottesdienst-, Predigt- und Ordinationskulturen, die nur bedingt aufeinander beziehbar sind.

Theologische Grundlage der Erklärung ist das gemeinsame Verständnis des Evangeliums (consentire de doctrina evangelii), wie es die Leuenberger Konkordie (LK) bestimmt und beschreibt, die seit 1973 die Grundlage für die Gemeinschaft Evangelischer Kirchen in Europa (GEKE) ist. In diesem gemeinsamen Verständnis des Evangeliums, das die VEF-Kirchen in einer Stellungnahme mit dem Titel »Evangelisch sein« 2011 bekräftigt und dokumentiert haben, ist die weitreichende Feststellung verankert, dass Kirchen der EKD und der VEF »evangelisch« sind. Damit wird in das Evangelisch-Sein eine erheblich größere Bandbreite an Kirchenformen eingetragen, als dies bei den EKD-Kirchen der Fall ist. In diesem Zusammenhang kommt der Stellungnahme der VEF-Kirchen zum Evangeliumsverständnis der Leuenberger Konkordie eine tragende Bedeutung zu, und es ist zu fragen, ob und wie der Rezeptionsprozess dieser Stellungnahme innerhalb der Kirchen der VEF gestaltet wird.

Predigtgemeinschaft ist gleichwohl von anderen ökumenischen Formaten und Modellen wie Verkündigungs- und Abendmahlsgemeinschaft oder Kirchengemeinschaft unterschieden. Das Modell schließt einerseits an die langjährige Praxis einer gastweisen Predigt zwischen EKD- und VEF-Kirchen auf der Ebene der Ortsgemeinden an. Andererseits trägt das Modell dem Sachverhalt Rechnung, dass die Mehrzahl der VEF-Kirchen nicht Mitglied der GEKE sind.

Das Modell einer Predigtgemeinschaft bezieht signifikant unterschiedliche Predigtkulturen protestantischer Kirchen, und damit implizit auch signifikant unterschiedliche Hermeneutiken biblischer Texte, ekklesiologischer Bestimmungen (Taufe, Kirche, Glaubenskonstitution) und weltanschaulich-kultureller Interpretationshorizonte, aufeinander. Das wirft die Frage auf, ob und wie ein gemeinsames Verständnis des Evangeliums in der Begegnung dieser unterschiedlichen Predigtkulturen wahrnehmbar und beschreibbar wird und bleibt.

Ökumenische Beziehungen entwickeln sich aus Erfahrungen der Vertrautheit im Anderssein und befördern im Idealfall wachsende Vertrautheitserfahrungen. In dieser Hinsicht hat die Erklärung zur Predigtgemeinschaft erhebliches Potenzial, neue und vertiefte Vertrautheitserfahrungen zwischen EKD- und VEF-Kirchen zu schaffen und die Vielfalt des Evangelisch-Seins kennen und wertschätzen zu lernen, auch im wechselseitigen kritischen Einspruch.

Die Erklärung von EKD und VEF zur Predigtgemeinschaft

Eine kirchenrechtliche Perspektive

Hendrik Munsonius

Am 15. September 2024 unterzeichneten die amtierende Ratsvorsitzende der Ev. Kirche in Deutschland (EKD), Bischöfin *Kirsten Fehrs*, und der Präsident der Vereinigung Ev. Freikirchen (VEF), Präses *Marc Brenner*, im Rahmen eines Gottesdienstes in Berlin eine »Erklärung zur Predigtgemeinschaft«[1]. Damit soll eine innerhalb der Gliedkirchen der EKD und der Mitgliedskirchen der VEF bereits bestehende Praxis des Kanzeltauschs affirmiert und zu ihrer Ausweitung und Vertiefung ermutigt werden. Als Grundlage für diese Erklärung wird die Stellungnahme »Evangelisch sein« der VEF von 2011 angegeben, in der die vollständige Übereinstimmung »mit dem Verständnis des rettenden Evangeliums, wie es in der Leuenberger Konkordie beschrieben ist«, zum Ausdruck gebracht wird.[2]

Soll zu der »Erklärung« aus der Perspektive des Kirchenrechts Stellung genommen werden, ergeben sich Fragen nach dem kirchenrechtlichen Anspruch und Status der Erklärung (1.), nach dem Mandat der EKD zum Abschluss ökumenischer Erklärungen (2.) und nach dem Verständnis von Predigtamt, Ordination und Kanzelrecht (3.).[3]

1 Rat der EKD und Vorstand der VEF, Erklärung der Evangelischen Kirche in Deutschland (EKD) und der Vereinigung Evangelischer Freikirchen (VEF) zur Predigtgemeinschaft, Hannover 2024. Im Folgenden »Erklärung«. Zitate werden im Fließtext durch Zeilenangaben nachgewiesen.

2 Vereinigung Ev. Freikirchen (VEF), Evangelisch sein. Stellungnahme der Vereinigung Ev. Freikirchen (VEF) anhand der Leuenberger Konkordie (LK), Kassel, 12. April 2011.

3 Siehe schon Hendrik Munsonius, Verkündigungsgemeinschaft und Kirchenrecht, in: Evangelisch predigen, epd-Dokumentation Nr. 19/2023, 32–38.

1. Der kirchenrechtliche Anspruch und Status der Erklärung

Der kirchenrechtliche Anspruch, den die »Erklärung« erhebt, wird schon im Text selbst zurückgenommen: »Diese Erklärung verpflichtet keine Kirche und keine Gemeinde zu einem bestimmten Handeln« (33–35). Andererseits wird die weitreichende Feststellung getroffen, »dass der hier beschriebenen Praxis [...] keine theologischen oder kirchenrechtlichen Gründe entgegenstehen« (108–111), ohne dies näher darzulegen. Einzelne Gemeinden und in ihr handelnde Personen sollen durch die »Erklärung« ermutigt (63–66. 100–106) und argumentativ unterstützt (67–72) werden. Es ist intendiert, bereits praktizierte Predigtgemeinschaft zu legitimieren.

Der materielle Gehalt der »Erklärung« bezieht sich zum einen auf die Feststellung, dass mit der Stellungnahme der VEF von 2011 zwischen den beteiligten Kirchen »eine grundlegende Übereinstimmung im Verständnis des Evangeliums gegeben ist« (41–44).[4] Die zentrale Aussage schließt sich daran an:

> »Der Vorstand der VEF und der Rat der EKD sprechen der jeweils anderen Kirche bzw. dem anderen Kirchenbund das Vertrauen aus, dass in ihr bzw. ihm das Wort Gottes, ›das Evangelium rein gepredigt‹ (CA VII) wird, und bejahen grundsätzlich die Praxis, dass eine in der anderen Kirche bzw. Gemeinde zur Predigt berufene und beauftragte Person im Sinne einer ordnungsgemäßen Berufung (rite vocatus) gastweise in der eigenen Kirche predigt« (47–53).

Auffällig ist die Verwendung abschwächender Formulierungen. Es wird nicht festgestellt, sondern man »spricht [...] das Vertrauen aus«. Die Beteiligten »bejahen grundsätzlich« eine bestehende Praxis. Die ordnungsgemäße Berufung wird nicht wechselseitig anerkannt, sondern die Tätigkeit der Prediger »im Sinne« einer solchen gesehen. Auch an anderer Stelle vermeidet die »Erklärung« allzu deutliche Aussagen und setzt sich damit beispielsweise von der Erklärung der Kirchengemeinschaft in der Leuenberger Konkordie (LK 30–34) erkennbar ab.

Die »Erklärung« soll kein Rechtsakt sein. Sie kann gleichwohl rechtliche Bedeutung entfalten. Denn in ihr werden – wenn auch etwas undeutlich – Aussagen über eine bestehende oder mögliche Predigtgemein-

4 Zugleich wird eine »grundlegende Übereinstimmung [...] was es heißt, evangelisch zu sein« erkannt (44–46), wobei offen bleibt, was diese Aussage im Verhältnis zur vorigen bedeuten soll.

schaft getroffen. Die zwischen den beteiligten Partikularkirchen bestehenden Grenzen werden durch eine solche Erklärung relativiert und auf die Universalität der Kirche Jesu Christi hin überschritten. Damit ist ein Sachverhalt gesetzt, der im Kirchenrecht zu beachten ist. Denn das Predigtamt ist CA 14 (»rite vocatus«) entsprechend rechtlich geordnet. Jede, wenn auch nur partielle, Erklärung von Kirchengemeinschaft entfaltet im Kirchenrecht Tatbestands-, Ermöglichungs- und Bindungswirkung.[5]

2. Das Mandat der EKD zum Abschluss ökumenischer Erklärungen

Indem mit der »Erklärung« ein Sachverhalt mit kirchenrechtlicher Relevanz gesetzt wird, stellt sich die Frage nach den handelnden und betroffenen Akteuren. Als handelndes Organ tritt auf Seite der EKD der Rat in Erscheinung, auf dessen Beschluss hin die »Erklärung« durch dessen amtierende Vorsitzende unterschrieben wurde. Die EKD wird in der »Erklärung« als »Kirche«, der Rat der EKD als »Kirchenleitung« bezeichnet. Die Praxis, auf die sich die »Erklärung« bezieht, findet jedoch in den Gemeinden, d.h. innerhalb der Landeskirchen, statt. Handelnde und betroffene Akteure sind folglich nicht identisch. Damit stellt sich die Frage, welches Mandat die EKD hat, eine solche »Erklärung« abzugeben.

Die EKD ist gemäß Art. 1 Abs. 1 Satz 1 GO.EKD »die Gemeinschaft ihrer lutherischen, reformierten und unierten Gliedkirchen«[6]. Mit dieser Bestimmung wird dem Umstand Rechnung getragen, dass die Rezeptionsautonomie bei den Landeskirchen liegt, die aus dem Landesherrlichen Kirchenregiment hervorgegangen sind. D.h. es sind die Landeskirchen, die darüber entscheiden, welche kirchliche Ordnung für sie und ihre Untergliederungen gilt und inwiefern andere kirchliche Organisationsebenen wie die EKD auf diese kirchliche Ordnung einwirken können.[7] Dementsprechend ist die EKD nicht aus sich heraus Kirche, sondern »als Gemeinschaft ihrer Gliedkirchen« (Art. 1 Abs. 1 Satz 4 GO.EKD) und »achtet die Bekenntnisgrundlage der Gliedkirchen und Gemeinden« (Art. 1 Abs. 1 Satz 3 GO.EKD).[8]

5 Munsonius, Verkündigungsgemeinschaft (s. Anm. 3), 33.

6 Grundordnung der Ev. Kirche in Deutschland vom 13. Juli 1948 (ABl.EKD S. 233) in der Fassung vom 1. Januar 2020 (ABl.EKD, 2.25).

7 Hendrik Munsonius, Evangelisches Kirchenrecht. Grundlagen und Grundzüge, Tübingen 2015, 30.139f.

8 Vgl. Axt-Piscalar, Einheit in gestalteter Vielfalt. Zur ekklesiologischen Aufgabe der

Die EKD hat im Unterschied zu den Landeskirchen keine episkopalen Leitungsstrukturen. Es ist *de jure* noch nicht einmal gewährleistet, dass Ordinierte oder Theologen den Organen der EKD angehören. Die einzige Aussage der Grundordnung hierzu findet sich in Art. 24 Abs. 1 Satz 4 GO.EKD, wonach von den Synodalen maximal die Hälfte Theologen sein *dürfen*. Dass Vorsitzende des Rates bisher ausschließlich leitende Geistliche einer Landeskirche geworden sind, ist rechtlich nicht zwingend, sondern eine kontingente kirchliche Praxis. Der Ratsvorsitz ist kein Bischofsamt der EKD.

Für die Gliedkirchen kann die EKD nur insoweit tätig werden, als sie dafür eine Grundlage in ihrer Grundordnung hat. In der Normsetzung ist sie auf Richtlinien, die der Umsetzung durch landeskirchliches Recht bedürfen (Art. 9 GO.EKD), und auf Kirchengesetze beschränkt, die der Zustimmung der Landeskirchen bedürfen, sofern die Regelungskompetenz für das Sachgebiet nicht schon früher auf die EKD übertragen worden ist (Art. 10a GO.EKD). Fragen des Predigtamtes werden im Pfarrdienstgesetz der EKD angesprochen.[9] Dabei geht es jedoch ausschließlich um Personen, die in einem Pfarrdienstverhältnis zur EKD, einer Landeskirche oder einem landeskirchlichen Zusammenschluss stehen (§ 1 Abs. 3 PfDG.EKD).

Einen Ansatzpunkt für die Abgabe ökumenischer Erklärungen kann Art. 17 Abs. 1 und 5 GO.EKD bilden, wonach die EKD in der Ökumene mitarbeitet und gemeinsam mit den Landeskirchen bemüht ist, das Bewusstsein ökumenischer Verantwortung zu stärken. Allerdings ist darin noch kein Mandat der EKD begründet, ökumenische Erklärungen abzugeben, die in den Verantwortungsbereich der Landeskirchen hineinwirken, zumal die Formulierung der Grundordnung an dieser Stelle sehr offen gehalten ist. Eine solche Erklärung scheint allein dann möglich, wenn sich die EKD dabei auf einen bereits bestehenden Konsens zwischen ihr und den Landeskirchen stützen kann.

Ein solcher Konsens besteht mit der Leuenberger Konkordie, der alle Landeskirchen und schließlich auch der Rat der EKD zugestimmt haben.[10]

EKD in der Gemeinschaft der Gliedkirchen und konfessionellen Bünde, in: Werner Klän / Bernd Oberdorfer (Hrsg.), Bekenntnisbildung und Bekenntnisbindung, Göttingen 2019, 120–129.

9 Kirchengesetz zur Regelung der Dienstverhältnisse der Pfarrerinnen und Pfarrer in der Ev. Kirche in Deutschland (Pfarrdienstgesetz der EKD – PfDG.EKD) in der Fassung vom 15. Februar 2021 (ABl.EKD, 23.131), zuletzt geändert am 5. Dezember 2023 (ABl.EKD, 165).

10 Hierzu hat der Rat der EKD am 10./11. September 1999 folgenden Beschluss ge-

Die »Erklärung« stützt sich auf die Stellungnahme der VEF von 2011, mit der sie die Übereinstimmung mit grundlegenden Aussagen der Leuenberger Konkordie ausgesprochen hat (20–24). Allerdings sind dabei auch bleibende Differenzen, vor allem im Hinblick auf die Taufpraxis, festgestellt und eine Unterzeichnung der Leuenberger Konkordie ausgeschlossen worden.[11]

Es muss bezweifelt werden, dass damit eine hinreichende Grundlage für die »Erklärung« gegeben ist. Denn die Leuenberger Konkordie enthält nicht nur die Formulierung eines gemeinsamen Verständnisses des Evangeliums, sondern auch eine Auseinandersetzung mit den bleibenden Differenzen, deren kirchentrennender Charakter schließlich verneint werden konnte. Diese »Methode Leuenberg« wäre auch auf das Verhältnis der Landeskirchen zu den der VEF angehörenden Kirchen anzuwenden, was bisher unterblieben ist.[12] Welche Bedeutung die Differenzen in der Taufpraxis und damit auch im Taufverständnis für eine etwaige Predigtgemeinschaft haben, ist bis dato ungeklärt.

Da die »Erklärung« weder auf einen Kompetenztitel noch auf einen bestehenden Konsens gegründet werden kann, ist ihre Wirksamkeit davon abhängig, dass sie in den Landeskirchen rezipiert wird.[13] Wie dies jeweils zu erfolgen hat, richtet sich nach dem Verfassungsrecht der Landeskirchen. Da es um eine Frage des kirchlichen Lehramtes geht, ist eine breite Beteiligung kirchlicher Leitungsorgane und der kirchlichen Öffentlichkeit angezeigt.[14] Wenn die Landeskirchen – wie in diesem Fall – nicht schon zuvor beteiligt worden sind, ist es angezeigt, dass das Rezeptionserfordernis im Dokument selbst festgehalten wird. Demgemäß werden in der »Erklä-

fasst: »Der Rat stimmt für die EKD der Konkordie reformatorischer Kirchen in Europa zu. Er gibt dazu folgende Erklärung ab: Mit der Zustimmung zur Konkordie bringt die EKD zum Ausdruck, dass sie sich in der Gemeinschaft mit ihren Gliedkirchen, die diese Entscheidung bereits früher vollzogen haben, der Kirchengemeinschaft reformatorischer Kirchen in Europa im Sinne der Leuenberger Konkordie verpflichtet weiß, in ihr auf der Grundlage der Konkordie mitzuarbeiten bereit ist und sich auch in der Wahrnehmung ihrer sonstigen ökumenischen Aufgaben von der Konkordie leiten lässt.« (https://kirchenrecht-ekd.de/document/11182 [8. 7.2024])

11 VEF, Evangelisch sein (s. Anm. 2), 1.1, 2.1, 2.3, 3.

12 Munsonius, Verkündigungsgemeinschaft (s. Anm. 3), 34f.

13 A. a. O., 35.

14 Hendrik Munsonius, Zur Übereinstimmung eines »Christlichen Religionsunterrichts« mit den Grundsätzen der evangelischen Kirche, ZevKR 67 (2022), 254–269 (260ff.).

rung« die Landeskirchen gebeten, sich diese zu eigen und in den Gemeinden bekannt zu machen (122–125). Damit wird allerdings nicht deutlich, dass die Rezeption durch die Landeskirchen für die Anwendung der »Erklärung« konstitutive Voraussetzung ist.

Irritierend ist zudem, dass an anderer Stelle Gemeinden und Einzelpersonen durch die »Erklärung« unmittelbar zur Praxis der Predigtgemeinschaft ermutigt werden sollen (67–72), alle theologischen und kirchenrechtlichen Hinderungsgründe verneint werden (108–111) und der Rat der EKD als die zuständige Kirchenleitung erscheint (35–37). Es ist fraglich, ob dieses (latente) Überspringen der landeskirchlichen Ebene dem Prinzip der Geschwisterlichkeit nach Art. 5 GO.EKD entspricht. So ist für das Gesetzgebungsverfahren der EKD immerhin anerkannt und ständige Praxis, dass die Entwürfe den Landeskirchen rechtzeitig vorgelegt und ihre Stellungnahmen im Verfahren berücksichtigt werden.[15]

3. Predigtamt, Ordination und Kanzelrecht

Inhaltlich wirft die »Erklärung« zumindest Fragen im Hinblick auf das Verständnis von »Predigtgemeinschaft«, das Ordinationsverständnis und die Bedeutung der Taufe für das Predigtamt auf. Diese Fragen sollen – da nicht eigentlich kirchenrechtlich, aber kirchenrechtsrelevant – hier nicht geklärt, aber wenigstens markiert werden.

(1) Der Begriff der »Predigtgemeinschaft«, auf den die »Erklärung« rekurriert, ist bisher nicht als *terminus technicus* etabliert. Er ist anscheinend an den – seinerseits nicht abschließend definierten – Begriff der »Kirchengemeinschaft« angelehnt,[16] soll aber nur einen bestimmten Aspekt derselben bezeichnen. Was »Predigtgemeinschaft« heißen soll, wird auch in der »Erklärung« selbst nicht ganz deutlich.[17] Ein starker Begriff von Predigtgemeinschaft wäre als Äquivalent zur Kanzelgemeinschaft zu verstehen, wie in der Leuenberger Konkordie begründet wird. Damit könnten alle, die in einer der beteiligten Kirchen ordnungsgemäß zum Predigtamt berufen sind, dies auch in jeder anderen Kirche innerhalb der

15 Herbert Claessen / Burkhard Guntau, Grundordnung der Evangelischen Kirche in Deutschland. Kommentar und Geschichte, Stuttgart 2007, 272.

16 Eckhard Lessing, Art. Kirchengemeinschaft, in: RGG [4]2001, Bd. 4, Sp. 1168–1170; Munsonius, Verkündigungsgemeinschaft (s. Anm. 3), 33.

17 Insofern ist die Wendung von der »Predigtgemeinschaft, wie sie hier beschrieben wird« (62f.; ähnlich 108f.) etwas irreführend.

bestehenden Predigtgemeinschaft ausüben und jede der beteiligten Kirchen würde sich dieses Verkündigungshandeln zurechnen lassen. Für ein solches Verständnis spricht die grundsätzliche Anerkennung der in das Predigtamt berufenen Personen (47–53). Hingegen legt die Betonung der fortbestehenden Fremdheit und des Respekts (93–99) ein schwächeres Verständnis von Predigtgemeinschaft nahe, das nur die Möglichkeit eröffnen würde, gastweise in einer anderen Kirche unter der Verantwortung eines dort berufenen Inhabers des Predigtamtes und Kanzelrechts tätig zu werden.

(2) In den Erläuterungen zur »Erklärung« (1.2)[18] heißt es:

> »Es kann also auch dort ein/e nicht ordinierte/r Predigende/r als ökumenischer Gast predigen, wo der Predigtauftrag grundsätzlich an die Ordination gebunden ist, unter der Voraussetzung, dass die Kirche, aus der die/der Gastpredigende stammt, ihm/ihr die Beauftragung zum Predigtdienst erteilt hat.«

Es wird also ein Unterschied zwischen der Beauftragung zum Predigtdienst und der Ordination vorausgesetzt, ohne dass deutlich wird, worin dieser Unterschied besteht. Damit wird die ohnehin verbreitete Verwirrung repristiniert. Nach CA 14 ist für die öffentliche Ausübung des Predigtamtes entscheidend, dass die Person dazu ordnungsgemäß berufen (»rite vocatus«) ist. Die Gemeinschaft Ev. Kirchen in Europa (GEKE) hat im Dokument »Amt – Ordination – Episkopé« von 2012 festgestellt, dass hierbei nicht zwischen der Ordination und anderen Formen der Berufung zu unterscheiden ist. Im Papier »Ordnungsgemäß berufen« der Vereinigten Ev.-Luth. Kirche Deutschlands (VELKD) von 2006 ist eine solche Unterscheidung noch getroffen, aber als rein terminologisch dargestellt worden. In der zitierten Erläuterung scheint der Ordination hingegen ein nicht näher bestimmter Mehrwert zugewiesen zu sein.[19]

(3) Es ist daran zu erinnern, dass die evangelische Kirche keine über die Taufe hinausgehende Weihe kennt, wie schon von Luther 1520 festgestellt worden ist:

> »Alle Christen sind wahrhaft geistlichen Standes, und ist unter ihnen kein Unterschied dann des Amtes halben allein. [...] Demnach so werden wir alle-

[18] Dieses Dokument ist nicht publiziert worden, lag aber dem Rat der EKD unter den vorbereitenden Dokumenten zur kirchlichen Erklärung vor.

[19] Vgl. Munsonius, Verkündigungsgemeinschaft (s. Anm. 3), 36.

> samt durch die Taufe zu Priestern geweiht. [...] Was aus der Taufe gekrochen ist, das mag sich rühmen, dass schon Priester, Bischof und Papst geweiht sei, obwohl es nicht jedem ziemt, dies Amt auch auszuüben.«[20]

Angesichts dieses engen Zusammenhangs von Taufe und Berufung zum Predigtamt bedarf der mit einigen Freikirchen bestehende Dissens hinsichtlich der Taufpraxis und des Taufverständnisses umso dringender einer Klärung, wenn die Erklärung von Predigtgemeinschaft tragfähig sein soll.

4. Fazit

Die »Erklärung« zeichnet sich sowohl inhaltlich wie auch in ihrer formalen Qualität durch ein hohes Maß an Unbestimmtheit aus. Sie ist darauf gerichtet, einen Konsens zu artikulieren, ohne vorhandenen Dissens auszusprechen.[21] Es ist zu befürchten, dass sie sich damit ihrer Wirkung beraubt. Denn: »Es gibt [...] nur eine Möglichkeit, zu wirklich tragfähigem Konsens zu gelangen: nämlich durch ausgetragenen Dissens. Und es gibt nur einen Weg, Dissens auszutragen: nämlich offen. Alles andere ist Taktieren.«[22] Kirchenrechtliche Qualität nimmt die »Erklärung« nicht in Anspruch. Kirchenrechtliche Relevanz kann ihr allenfalls beigemessen werden, nachdem sie durch die Landeskirchen entsprechend rezipiert worden ist. Doch auch dann leidet sie an ihrer inhaltlichen Unklarheit. Ob der Erfüllung des kirchlichen Auftrags, dem sich alle Beteiligten verpflichtet wissen, damit wirklich ein Dienst getan ist, bleibt eine offene Frage.

20 Martin Luther, An den christlichen Adel deutscher Nation. Von des christlichen Standes Besserung (1520), WA 6, 404–469 (407f.).

21 Zum ähnlichen Problem bei der Etablierung eines »Christlichen Religionsunterrichts in gemeinsamer Verantwortung« in Niedersachsen: Munsonius, Übereinstimmung (s. Anm. 14), 256ff.

22 Fredmund Malik, Führen. Leisten. Leben, Frankfurt a. M. 2014, 282.

Die Autorinnen und Autoren

Petra Bosse-Huber, Jahrgang 1959, Studienabschlüsse in Theologie und Germanistik, ist Bischöfin und Vizepräsidentin der Evangelischen Kirche in Deutschland (EKD), verantwortlich für Ökumene und Auslandsarbeit. Sie ist Mitglied im Präsidium des Deutschen Evangelischen Kirchentages und im Zentralausschuss des Ökumenischen Rates der Kirchen.

Markus Iff, Dr. theol., Jahrgang 1964, Studium der Evangelischen Theologie in Marburg, Ewersbach, Wuppertal und Jena, Promotion an der Friedrich-Schiller-Universität Jena 2009, ist seit 2012 Professor für Systematische Theologie und Ökumenik an der Theologischen Hochschule Ewersbach.

Konstanze Kemnitzer, Dr. theol., Jahrgang 1975, ist Professorin für Praktische Theologie an der Kirchlichen Hochschule Wuppertal. Sie ist Mitglied im Theologischen Ausschuss der VELKD und im Vorstand der Liturgischen Konferenz der EKD.

Hendrik Munsonius, Dr. iur. M. Th., Jahrgang 1973, studierte Rechtswissenschaften (1993–1999) und Evangelische Theologie (2007–2010). Er ist Referent im Kirchenrechtlichen Institut der EKD.

Bernd Oberdorfer, Dr. theol., Jahrgang 1961, ist Professor für Evangelische Theologie mit Schwerpunkt Systematische Theologie und theologische Gegenwartsfragen an der Universität Augsburg und u. a. seit 2015 Mitglied der Kommission »Faith and Order« des Ökumenischen Rates der Kirchen (ÖRK), seit 2010 Mitglied des Rates des Lutherischen Weltbunds (LWB) sowie seit 2010 Vorsitzender des Ökumenischen Studienausschusses (ÖStA) des Deutschen Nationalkomitees (DNK) des LWB.

Oliver Pilnei, Prof. Dr. theol., Jahrgang 1974, ist Professor für Praktische Theologie an der Theologischen Hochschule Elstal (Bund Evangelisch-Freikirchlicher Gemeinden). Seine Schwerpunkte sind Homiletik, Pastoraltheologie und Kirchentheorie. Ökumenisch war er an Arbeitskreisen und Gesprächen mit der EKD, VELKD und GEKE beteiligt. Er ist 2. Vorsitzender der Gesellschaft für Freikirchliche Theologie und Publizistik und Mitglied der Wissenschaftlichen Gesellschaft für Theologie.